Aventuras de um Advogado

Dados   Internacionais   de   Catalogação na Publicação   (CIP)
         (Câmara   Brasileira   do   Livro,   SP,   Brasil)

Motta, Walter Ramos
   Aventuras de um advogado / Walter Ramos Motta. --
São Paulo : Ícone, 2009.

   Bibliografia.
   ISBN 978-85-274-1062-5

   1. Advogados - Autobiografia 2. Motta, Walter
Ramos I. Título.

09-09174   CDD-923.4

         Índices para catálogo sistemático:

    1. Advogados : Autobiografia   923.4

Walter Ramos Motta

Aventuras de um Advogado

Ícone editora

© Copyright 2009.
Walter Ramos Motta.

Proibida a reprodução total ou parcial desta
obra, de qualquer forma ou meio eletrônico,
mecânico, inclusive por meio de processos
xerográficos, sem permissão expressa do editor
(Lei nº 9.610/98).

Distribuído pela
ÍCONE EDITORA LTDA.
Rua Anhanguera, 56/66 – Barra Funda
CEP 01135-000 – São Paulo – SP
Tel./Fax.: (11) 3392-7771
www.iconeeditora.com.br
e-mail: iconevendas@iconeeditora.com.br

Obras do autor

Direito:

FAÇA DA ADVOCACIA UM SUCESSO, 1ª edição, 1978; 2ª edição, 1989; 3ª edição, 2005 – Ícone Editora Ltda., São Paulo.

MANUAL PRÁTICO DE PROCESSO CIVIL, edição 1991 (esgotada) – Ícone Editora Ltda, São Paulo.

FALÊNCIA, CONCORDATA E INSOLVÊNCIA, edição 1995 (esgotada) – Ícone Editora Ltda., São Paulo.

COMO TRIUNFAR NA ADVOCACIA, 1ª edição, 1996, 2ª tiragem, 1999 (esgotada); 3ª edição atualizada em fase editorial.

COMO OBTER SUCESSO NA ADVOCACIA CRIMI- NAL, 1ª edição, 2008, Companhia Editora Forense, Rio de Janeiro

Literatura:

AVENTURAS DE UM ADVOGADO, sendo editado atualmente.

SÃO JOSE DOS BANDEIRANTES , no prelo.

ADVOCACIA TRAGI-CÔMICA E OUTROS DELEI-TES, no prelo.

O HOMEM E O UNIVERSO NO LIMIAR DO SÉCULO XXI , no prelo.

MISTÉRIOS INSONDÁVEIS DO DESTINO – Cíntia e Rebeca, no prelo.

MANUAL DE RELAÇÕES HUMANAS – O HOMEM E O MEIO, no prelo

Tecnologia:

CONHEÇA OS FUNDAMENTOS DA LEITURA DINÂ-MICA, no prelo.

Índice

Obras do autor, 5
Prefácio, 11
Dedicatória, 13
Apresentação e justificativa da obra, 15
Capítulo 1 - A mudança de Curitiba para o interior, 21
Capítulo 2 - A carona feliz, 25
Capítulo 3 - A musa helênica, 29
Capítulo 4 - Momentos delirantes de idílio inédito, 33
Capítulo 5 - A volúpia do amor, 37
Capítulo 6 - O retorno vazio na madrugada, 41
Capítulo 7 - O amigo Jackson, 45
Capítulo 8 - Despedida de Curitiba, 51
Capítulo 9 - Os primeiros percalços da viagem, 57
Capítulo 10 - Região Cascavel – Toledo e Marechal Rondon, 61
Capítulo 11 - Retorno frustrado a Curitiba, 69
Capítulo 12 - Um rapto delicioso imprevisto, 73
Capítulo 13 - O amigo Igor, 83
Capítulo 14 - As falsas promessas do amigo deputado, 87

Capítulo 15 - Defesa dativa de um caso de abigeato, 89

Capítulo 16 - Primeiros honorários generosos rende uma excursão, 93

Capítulo 17 - A concordata fatídica, 101

Capítulo 18 - Rumando a Maringá, 107

Capítulo 19 - Longo período de nostalgia, 111

Capítulo 20 - Embarcando em canoa furada outra vez, 115

Capítulo 21 - Aventuras em Peabiru, 117

Capítulo 22 - Duelo a revolver em Mato Grosso do Sul, 121

Capítulo 23 - A aconchegante Iporã, 127

Capítulo 24 - Bom de júri, tchê, 135

Capítulo 25 - Professor de francês em Alto Piquiri, 139

Capítulo 26 - A fúria do furacão, 143

Capítulo 27 - A Cachoeira dos Apertados, 147

Capítulo 28 - Vida nova em Assis Chateaubriand, 151

Capítulo 29 - O desquite de Marcos com Miriam e o noivado das duas filhas de ambos, 155

Capítulo 30 - O feliz reencontro com Kátia, 157

Capítulo 31 - Descoberta de um parente genial, 161

Capítulo 32 - Patrocínio de uma falência perigosa, 165

Capítulo 33 - De um júri resulta uma excursão, 171

Capítulo 34 - Patrocínio de uma concordata a clientes cerealistas nipônicos, 179

Capítulo 35 - Abrindo filial em Dourados, Mato Grosso, 183

Capítulo 36 - A nova casa de Marcos e Kátia, 189

Capítulo 37 - Os pesadelos de um hábeas corpus e o assassinato do delegado, 195

Capítulo 38 - Defesa de um suposto traficante resulta numa adoção maravilhosa, 201

Capítulo 39 - Marcos e Kátia vão a Curitiba buscar a Filha mais nova de marcos, enferma mental, 205

Capítulo 40 - Habeas corpus impetrado em Cuiabá no Tribunal de Justiça contra juiz de Corumbá, 215

Capítulo 41 - Uma incrível tocaia fatal, 219

Capítulo 42 - Reflexo da tocaia fatal, 229
Capítulo 43 - Uma carona problemática, 233
Capítulo 44 - Aventuras em Nova Andradina, 237
Capítulo 45 - Dois presos liberados por Marcos num dia são metralhados no dia seguinte, 241
Capítulo 46 - Trucidamento de um agente de seguros, 245
Capítulo 47 - Mineirão mata desafeto e enfrenta polícia à bala, 249
Capítulo 48 - Marcos e Kátia resolvem retornar, finalmente, ao inesquecível Paraná, 253
Capítulo 49 - Destruíção dos sonhos antigos de Marcos do inesquecível São José dos Bandeirantes, 257
Capítulo 50 - Últimos reflexos da tocaia fatal, 261
Capítulo 51 - Retornando do Mato Grosso, agora, porém, para Cuiabá, 265
Capítulo 52 - Marcos compra uma casa onde Instala escritório, 285
Capítulo 53 - Dois júris a um só psicopata, 287
Capítulo 54 - Marcos é recebido à bala pela polícia, 291
Capítulo 55 - O assassinato da guardiã, 297
Capítulo 56 - Diligências perigosas em Barra do Bugres, 301
Capítulo 57 - Portal norte dos pantanais matogrossenses, 305
Epílogo, 313
Bibliografia, 319

Prefácio

Colhe-nos a honra e a grata satisfação de ter sido convidado para prefaciar a obra literária AVENTURAS DE UM ADVOGADO da lavra do ilustre advogado Walter Ramos Motta, profissional decano e já bastante conhecido nos meios forenses pátrio pelas várias obras jurídicas de sua lavra. Sendo certo que sua obra prefaciada vem de preencher uma grande lacuna existente na biblioteca dos advogados; sendo por isso pioneira no seu gênero, nunca tendo sido escrita por outro advogado até os dias atuais.

AVENTURAS DE UM ADVOGADO insere em seu bojo as aventuras experimentadas e vividas durante decênios em várias cidades interioranas dos Estados do Paraná, Mato Grosso do Sul e Mato Grosso, descrevendo cenas das mais dramáticas experimentadas durante o exercício da advocacia, assim como fornecendo um manancial apreciável de informações úteis aos advogados que tenham a intenção de se arrojar profissionalmente nas mencionadas unidades federativas supra descritas ou em outras similares.

A obra insere capítulos de delicado romance vivido entre os protagonistas, miscinada de amplas informações turísticas dos lugares vividos ou visitados pelos protagonistas, bem como abundantes informações folclóricas de povos exóticos e tribos indígenas, além de informações turísticas amplas, incluindo os pantanais matogrossenses e lendários rios, convergindo, assim numa obra efetivamente deleitante de que tanto necessitam os membros da família forense como lenitivo dos estresses e estafas decorrentes do árduo trabalho que abraçaram.

Nossos efusivos parabéns ao culto colega, esperando que venha a publicar outras obras similares que sabemos ser autor, colaborando, assim, com o enriquecimento da nossa paupérrima biblioteca recreativa.

Dr. Francisco Anis Faiad
Presidente da Ordem dos Advogados do Brasil
Seção do Estado de Mato Grosso e professor
Universitário de Direito da UNIVAG
– Várzea Grande-Mt.-

Dedicatória

A Carmem, minha eterna musa do sorriso cativante, fiel companheira de três décadas, em todos os momentos.

A meus diletos pais, João e Márcia, que já não mais residem neste adorável mundo físico, augurando que possam estar em paz onde estiverem.

A meus inesquecíveis irmãos Alcides e Jaci, que já acompanharam os pais a muitos anos, desejando paz eterna a eles.

A minhas duas estimadas irmãs Arminda e Raquel, a caçula, bem como aos filhos Maude Nancy, colega de profissão, como a seu filho Leonardo; Mara Neucy que vive em nossa companhia; a Valtinho Júnior e Adriana sua esposa, e a Alan, neto peralta e carismático.

Aos clientes e amigos, *in memoriam*, mencionados na obra, vitimados pela sanha de seus algozes.

Finalmente aos membros da família forense, mais carinhosamente aos advogados militantes que pugnam para solucionar os problemas que lhes são confiados pelos clientes e, *in memoriam* a alguns que pereceram heroicamente no exercício da honrosa e imprescindível advocacia.

Apresentação e Justificativa

Não sei se todos têm conhecimento de que advogados e demais membros da família forense passam grande parte da vida com as cabeças inclinadas sobre os livros.

Advogados, neles buscando soluções para os problemas que são constantemente carreados ao escritório pela clientela.

Promotores e procuradores forenses a pesquisarem recursos doutrinários e jurisprudenciais para serem bem sucedidos nas acusações ou interesses do Estado, já que consistem eles de advogados da sociedade.

Ao passo que os juízes, para dosar as ações, esforçam-se para aparar as arestas dos exageros com que normalmente pleiteiam as partes, através seus advogados ou que se excedem, os promotores, pugnando por denunciar a aplicação da justiça; os juízes por temperar tudo e equilibrar coerentemente as aspirações humanas num patamar recomendado pela coerência e a devida aplicação da justiça, procurando dar a cada um o que é seu por direito.

Depois do aperfeiçoamento das técnicas da cibernética, com os avanços vertiginosos da informática nas últimas duas décadas e o evento maravilhoso da INTERNET, os membros da família forenses passaram a oscilar na demanda do tempo, horas sobre os livros e horas enfrentando os monitores dos computadores, onde são praticamente inesgotáveis os recursos destinados a auxiliar e solucionar quase tudo o que necessitam os membros da família forense na busca de soluções destinadas ao sucesso de suas pesquisas e, assim resolverem os problemas a que estão afetos.

Acabando, ao final da cada ano, estafados pela rotina estafante da manuseio cansativo de tanto pesquisarem nessas fontes donde emana o direito, a doutrina e a jurisprudência, e,como lenitivo espiritual desestressante vão em busca de livros relaxantes, deleitantes, que lhes amenizem o cansaço espiritual desgastado nesse mundo incomensurável de pesquisas.

No entanto se decepcionam com a pobreza que se verifica na biblioteca de literaturas recreativas da autoria de escritores da família forense,sendo obrigados a comprar obras relaxantes de outra espécies de escritores.

Porquanto as eventuais obras literárias da lavra de advogados e outros membros da família forense se esgotam pouco tempo depois que são lançadas , tendo-se como exemplo algumas delas que podem ser mencionadas, tais como: *JUSTIÇA SISUDA E JOCOSA – CRÔNICAS*, da lavra de W. J. Seixas Santos, edição 1984, pela Livraria Editora Universitária de Direito Ltda., de São Paulo; *NÓS, OS ADVOGADOS – A ADVOCACIA ATUAL*, autoria de Paulo Renato Ceratti, edição 1980, pela Sagra S.A., Porto Alegre; *O QUE É SER ADVOGADO*, autoria de Técio Lins e Silva, edição 2005, pela Editora Record, Rio de Janeiro; *FAÇA DA ADVOCACIA UM SUCESSO*, 3ª edição, 2005, autoria de Walter Ramos Motta, pela Ícone Editora Ltda., São Paulo; *COMO PENSAM OS ADVOGADOS*, autoria de Clarence Morris, edição 1968, Editora Forense, Rio de Janeiro; *POEMAS DE*

JUÍZES E DESEMBARDADORES, Editora do Senado Federal da lavra de diversos juízes e desembargadores; *PORQUE ACREDITO EM LOBISOMEM*, de autor e editora gaúchos; e outros, a maioria esgotadas ou dificilmente encontrados.

Assim, dentre as justificativas e objetivos do autor, estão em cooperar por enriquecer essa tão paupérrima biblioteca recreativa, deleitante e relaxante, que tanta falta faz aos membros da família forense que são afeitos a essa modalidade indispensável e até imprescindível de leitura confortante espiritual.

E, assim, tendo escrito a obra especialmente endereçada à nobre classe forense, que, obviamente consiste de uma elite social e cultural, antes de ter-se arrojado a escrevê-la reservou alguns meses lendo o máximo de obras literárias de autores renomados que o tempo lhe permitiu, ocasião em que morava em Maringá bastante próximo da maravilhosa Biblioteca Municipal de Maringá – à qual dirige muitos agradecimentos, inclusive por ter usufruído alguns meses de acentuado recreio e restabelecimento espiritual-depois de ter vivido alguns anos em algumas cidades da região sul do Mato Grosso, e tendo retornado ao Paraná em verdadeiro estado de estafa, e necessitando, assim do que bem conhece, a *biblioterapia* – ou cura dos males espirituais através da leitura, tendo em pouco tempo de leitura, se refeito no poder mágico e milagroso com que esse livros literários que leu,(*) teve o condão de restabelecer a alma tão abalada do autor.

_____

(*) O autor que residia bem próximo da Biblioteca Municipal de Maringá, tomava emprestado pilhas de livros literários e tendo cursado e lecionado leitura dinâmica os lia com velocidade impressionante e, surpreendia a bibliotecária com o preenchimento das fichas de controle de livros emprestados que precisou várias fichas face ao número elevado de livros tomado emprestados. Teria iniciado com as obras maravilhosas de José Mauro de Vasconcelos, de quem conhecia antes somente *Meu Pé de Laranja Lima*, por ter escolhido esse livro quando deu curso de leitura dinâmica – tendo depois lido outros livros desse renomado folclorista pátrio, de quem fala bem alto a maravilhosa obra de sua lavra As Aventuras de Frei Abóbora e Rosinha Minha Canoa, livros que encantam pelos seus deleites. Lendo ou relendo, depois algumas obras de José de Alencar, esse escritor indianista pátrio dos tempos coloniais, com destaque de O Guarani e Iracema. Lendo e relendo Jorge Amado. Seguindo-se Machado de Assis, relendo algumas que já conhecia, marcando mais na memória a apaixonante Helena e Senhora. Passando para José Lins do Rego, Menotti del Picchia, Graciliano Ramos, Bernardo Guimarães, Raimundo de Menezes, Osman Lins; além de alguns alienígenas, como Dostoiewiski, Vitor Hugo, H. G. Wells, Erkmann-Chatrian, Shakespeare, etc. Prosseguindo a ler, posteriormente, autores mais atualizados como Fernando Sabino o incorrigível escritor cômico que viveu alguns anos nos Estados Unidos, na Inglaterra e em outros países, tendo lançado vários livros que, embora cômicos mas nos quais se destaca pela cultura léxica com o qual muito se tem a apreender e assimilar pela sua maestria nas exposições que faz. Sendo sua obra prima O grande Mentecapto. Roberto Shinyashiki, médico psiquiatra que tem se destacado no âmbito da auto ajuda, conferencista internacional, sendo de sua lavra, O Sucesso é Ser Feliz (com mais de 40 edições), Heróis de Verdade e tantos outros. Lemos de Pierre Lévy, professor do Departamento de Hipermídia da Universidade de Paris e da Universidade de Quebec, Canadá, a impressionante obra A CONEXÃO PLANETÁRIA – O mercado, o ciberespaço, a consciência, edição 2003, pela Editora 34 Ltda., de São Paulo. Examinando, também a obra POR UMA OUTRA GLOBALIZAÇÃO – do pensamento único à consciência universal - da lavra de Milton Santos, professor geógrafo da USP, 11ª. edição, pela Editora Record, Rio de Janeiro.

Mas, detendo-nos um pouco mais com um dos literatos pátrios mais lido no mundo desde muitos anos, Paulo Coelho, que passamos a conhecê-lo há cerca de uns dez anos passados, através de uma reportagem publicada pela revista VEJA, que publicada uma reportagem de exposição internacional de livros em Frankfurt, Alemanha, onde constava que Paulo Coelho era o escritor mais badalado e procurado nessa exposição; informando o repórter que os americanos pagaram, adiantadamente uma verdadeira fortuna para filmarem sua obra As Margens do Rio Piedra Eu Sentei e Chorei. Passamos, então a adquirir e ler seus livros, um após outro, iniciando por sua obra prima O ALQUIMISTA, que retrata uma das mais lindas estórias que se pode ler, pelo que não se admira que há mais de dez anos passados já passava de cem edições só no Brasil, além das inúmeras outras traduzidas na maior parte das línguas e continentes do planeta. Tendo lido quase todos os seu livros. Constando que ele,

Pelo que o autor recomenda carinhosamente aos colegas e membros da família forense que, mormente em fins de ano, substitua os nosocômios de recuperação espiritual pela leitura abundante de bons livros literários, anuindo, assim, este autor ao que recomenda um afamado médico neurologista americano, o Dr. John A. Schindler, autor da afamada obra *COMO VIVER 365 POR ANO*, edição1969, pela Editora-Cultrix Ltda.,São Paulo, em cujo prefácio lemos o seguinte:

"Certas leituras, bem orientadas e selecionadas, suscitam estados mentais excelentes e daí constituírem verdadeira terapêutica psicológica,a biblioterapia, na melhor expressão de Karl Menninger. Na antiga biblioteca de Tebas existia mesmo uma inscrição: "Lugar de cura da alma". "Nunca tive um desgosto que em uma hora de leitura não se dissipasse" – afirmou Montesquieu. "A leitura ajuda a viver" – asseverou Eduardo Frieiro. No delicioso volume Os Livros, Nossos Amigos. Na Charla de Café de Ramon y Cajal, uma biblioteca lembraria uma farmácia, dispondo de vários tipos de medicamentos: livros que fazem rir e delirar como o álcool e o haxixe, livros sedativos como o veronal e o brometo de potássio, livros analgésicos como a cocaína e a morfina, livros tonificantes como os preparados de ferro, livros de puro detrito, ganga e enchimento como a vaselina e o cerato simples.... Quando os livros encerram conselhos de bem-viver, ainda valem mais; não só permitem ao leitor comprazer-se num mundo fictício à parte, inédito e interessante, mas ainda se propõem a fazê-lo marchar melhor no mundo real tão favorável aos tropeços e às frustrações...."

O autor disse acima que pensou em endereçar a presente obra aos membros da família forense, que, sem dúvida consiste de uma refinada elite cultural.

---

como alquimista consegue fazer chover, no que pouco acreditamos, mas o que não duvidamos é que ele faça chover torrencialmente dinheiro oriundo dos direito autorais que aufere em diversos países do mundo.

Mas, inicialmente, antes de iniciar de escrever a obra, decidiu passar alguns meses, e até anos, dedicando-se a ler o máximo de obras literárias que lhe fosse possível no sentido de aprimorar seu cabedal cultural e, assim esforçar-se por escrever uma obra que não viesse representar uma decepção ao gosto refinado da mencionada elite cultural.

Assim, tão logo se sentiu capacitado para escrever com a rigorosa cultura léxica e gramatical que tanto impõe o Código de Ética e o Estatuto da Ordem dos Advogados do Brasil , "*Aplicará o advogado a primícia do seu saber*" e, Ruy A. Sodré, Presidente do Instituto dos Advogados de São Paulo, na obra de sua lavra *ÉTICA PROFISSIONAL E ESTATU-TO DO ADVOGADO*, 3ª. edição, 1975, pg.164:

> "Prestamos pouca atenção à ferramenta do nosso ofí-cio, que é a palavra escrita ou falada ... A leitura constantes das obras clássicas da literatura; o aprendizado permanente da língua, enriquecendo o vocabulário, enfim, a cultura lin-güística é o cabedal que o advogado deve possuir e manter em dia... "Escrever bem é, às vezes,talento, coração e gosto."

Teve, assim, o autor a preocupação de escrever a obra, sempre que possível, com o cuidado de estar sempre expon-do cada episódio com o máximo esmero que lhe esteve ao alcance, procurando prevenir-se no sentido de resistir a críti-cas que, com tanta facilidade se manifestam muitos leitores.

Assim, convencidos estamos de que a nossa obra é, além de pioneira, inédita – pois até hoje nenhum advogado escreveu uma semelhante – e com isso desejamos que aqueles que nos honrarem de ler, possam se agradar, descontrair, realizando apra-zível higiene mental, de que tanto necessitamos, principalmente nós advogados militante, o que nos fará penhoradamente.

O AUTOR

CAPÍTULO I

A mudança de Curitiba para o interior

O sino da soberba catedral curitibana soava seis badaladas plangentes evocando fiéis à prece da Ave Maria.

Chovia copiosamente numa tarde de sábado nos
derradeiros dias do ano de 1969, sob frio intenso e o vento sibilava zumbante, resultando num clima dos mais desagradáveis, impelindo as pessoas a se agasalharem ou até se
manterem dentro de casa. Os mais arrojados que insistiam
em sair nesse tempo sofriam as agruras da chuva, do frio e
do vento a malhar tudo incessantemente.

Marcos de Almeida, 40 anos, advogado, retornava da
casa de seu sócio com quem confabulava sua idéia de sair da
Capital para ir aventurar advocacia no interior, sendo que
poderia complementar rendimentos com a ministração de
aulas de inglês, idioma que praticara durante longos 17 anos
numa empresa britânica da qual demitira-se recentemente.
Além do que teria também cursado ciências naturais anteriormente ao curso do Bacharelado em Direito, disciplina
que também sentia-se apto a lecionar, se surgisse oportunidade e necessidade.

A atitude extrema de arrojar-se de sair de Curitiba depois de ter vivido nessa aconchegante urbe, justifica-se pelo fato de ter-se frustrado a sociedade conjugal, estando o casal já separado de quartos há cerca de um ano, fenecido desde muito o ambiente romântico do casal. Não tendo mais sentido continuar vivendo em companhia da mulher que com a qual já não se relacionava salvo para interesses materiais de obrigações do lar, casos em que se fazia mister deixar o lar. Mesmo tendo em vista a existência de duas filhas adolescentes, de 12 e 15 anos, que se manifestavam abaladas com a situação irregular dos pais. Cumprindo, pois, que fosse definida de vez por todas a separação, ao mínimo a título de exemplo que a vida recomenda como ato de dignidade e determinação.

Outra razão que impelia Marcos a sair de casa consistia no fato desairoso de que as filhas haviam adotado a filosofia hyppie, – verdadeira maldição implantada pelos Bitols da Inglaterra e disseminado celeremente pelo mundo todo – quando os adolescentes viviam mais fora do que dentro do lar, em atitudes de desmedida rebeldia, a viverem num comportamento mundano sem precedentes históricos, – *"make love not war"* – que, traduzido ao pé da letra é *"faça amor, não faça guerra"*. Mas que a frase *"fazer amor"*, a partir dessa época trouxe um novo sentido, como sendo *"fazer sexo"*, ou seja, praticar relações sexuais, incentivando uma política aos jovens da liberdade total de fazer sexo sem objeção de qualquer espécie. Reuniam-se em grupos e o que mais faziam era, então, prática desenfreada de sexo. Num clima de domínio absoluto de comportamento, desprezando, os jovens, as opiniões dos pais. Sequer avisando para onde iam. O uso de drogas entorpecentes sofreu aumento vertiginoso nunca verificado anteriormente.

Marcos percebeu que a mãe das adolescentes, embora horrorizada com os novos costumes das filhas, entretanto revoltava-se quando Marcos tentava pedir explicações às mesmas e procurava devolvê-las ao caminho da normalidade, casos em que agiam rebeldemente e o uso de energia para esse fim era reprimido pela mãe, resultando que Marcos sentia-se como alguém inútil no lar, como educador, já que recebeu e viveu uma educação das mais recomendáveis quando adolescente. Percebendo o verdadeiro caos num lar, agora governado pelas filhas, num abalo moral total pelos pais – o mesmo ocorrendo na maioria dos lares, resultando num ambiente de pavor pelos educadores.

Marcos sentia-se traumatizado com essa situação geral do lar, além de usarem quartos separados, remanescendo só a mera amizade de longos 18 anos. Mas no que consistisse às filhas, não obstante suas atitudes de extrema rebeldia, obviamente que as amava ternamente e o fato de separar-se, repentinamente delas representava um desastre espiritual irreparável que o punha seriamente magoado, arrasado.

CAPÍTULO 2

A carona feliz

Em dado momento essas elucubrações de Marcos foram interrompidas e, não obstante a oscilação incessante do limpador de pára-brisas Marcos divisou, a certa distância, num ponto de ônibus sem qualquer abrigo, uma jovem envolta em capa plástica e de sombrinha aberta, que a continua a caro custo devido as lufadas violentas de vento, qual vítima e presa fácil da rigorosa tempestade, a tiritar de frio, semi-encolhida, padecendo horrores à espera de ônibus.

Marcos que sempre destacou-se de elevado espírito de solidariedade humana, mormente em se tratando do belo sexo, tomou atitude decisiva de socorrer a pobre vítima, oferecendo-lhe carona e livrá-la de tão acentuado desconforto da verdadeira borrasca. Assim, reduziu a velocidade do Volks e defletiu em direção à jovem, parando, finalmente, em frente à mesma. Embora imaginando que ela, provavelmente iria recusar carona oferecida por um estranho, o que seria mais provável. E, foi exatamente o que ocorreu inicialmente. Marcos abriu a porta do carona convidando-a para entrar. Mas ela dá um passo para trás como quem recusa, como se esperaria de uma jovem recatada. Mas Marcos, com atitude decisiva insiste:

– Por favor, filha. Quero apenas protegê-la, afastando-a desse ponto sem abrigo, para evitar que possa se adoentar. Pode sentar-se no assento traseiro e ficar bastante afastada de mim. E reclina o encosto da poltrona para a frente para facilitar que ela entrasse, enquanto indicava com a mão o lugar traseiro para ela sentar-se, esboçando, então um sorriso agradável.

O sorriso esboçado por Marcos a convenceu imediatamente, tendo ela, então, se aproximado, fechado a sombrinha, recuado o acento da poltrona para trás para sentar-se na frente, demonstrando que confiava no estranho protetor.

– Puxa, muito obrigado pela carona! Estou tiritando de frio. Sentindo-se pouco à vontade com a sombrinha molhada a jorrar jatos de chuva no assoalho do carro. Vai molhar todo o seu carro!

– Ora, não se preocupe com isso, pois o tapete é de borracha e não faz mal molhar. Estendendo-lhe a mão diz Marcos a ela.

– Sou Marcos de Almeida, para serví-la, muito prazer.

– Kátia Borges. Muito prazer! Esboçando um sorriso maravilhoso, cativante, exibindo dentes alvíssimos, protegidos por lábios rubros e espessos.

Marcos por pouco não desmaiou ante tão maravilhoso sorriso, como nunca vira antes, mais lindo e carismático, enfeitiçante, irrestível. Nesse ponto até lembrou-se de Alencar em O *Guarani*:

> "...o sorriso de Isabel era como o beijo ideal, que fugia-lhe da boca e ia roçar com suas asas a alma daqueles que a contemplam..."

Tudo o que Kátia falava era acompanhado desse sorriso encantador, atraente, cativante, irresistível. De demolir qualquer homem. Era a musa dotada da qualidade de bem humorada a contagiar a todos que dialogam com sua amável pessoa. Virtude essa muito rara num mundo materializado em que a arrebatadora maioria das pessoas chegam a ser iracundas e egoístas, revoltadas, a reclamarem disto e daquilo, descontentes, no geral.

Katia, ao contrário, aparentava não ter problemas de qualquer espécie, sempre sorridente, feliz ou pelo menos sabendo ocultar eventuais desgostos. Era como que dotada da virtude de fazer transparecer um clima de constante bom humor, como que tudo em sua vida corresse às mil maravilhas, sem qualquer tipo de problema. Daí o fato de conquistar a todos quantos a conhecem.

... Kátia era a morena bela de corpo bem feito...

Capítulo 3

A musa helênica

Era Kátia a morena bela de corpo bem feito, elegantíssimo, acinturada, de olhos castanhos e cílios acentuadamente femininos, cuidadosamente maquiada a ressaltar a belezas naturais de seus olhos, nariz, boca, dentes, cabelos caídos ao colo, semi encaracolados; mãos delicadíssimas que Marcos já percebera quando a cumprimentou, sentindo ter tocado algo divinal; unhas bem cuidadas, enfim, definindo, no conjunto a personagem feminina que exalava perfume agradável e um todo feminino conquistador impecável em todos os sentidos. Além de modestíssima, sem qualquer afetação de quem não se preocupa de projetar imagem de superioridade, como é comum à maioria das pessoas.

Os belos e delicados contornos da cintura, das ilhargas e dos seios, ainda que envoltos em capa plástica, esta não conseguia camuflar os detalhes femininos do corpo impecável que estava agasalhado naquelas vestes.

Marcos reduziu a velocidade propositadamente com a intenção de melhor usufruir os detalhes interiores desse corpo que imaginava de uma elegância rara dessa companhia que a dádiva dos deuses teria proporcionado ao mesmo. E, assim, dirigindo-se a ela, disse:

– Querendo, pode tirar a capa plástica. Afinal não chove aqui dentro, não é mesmo?

– Tem razão, concorda Kátia, tirando a capa. E, como sempre, esboçando o irresistível sorriso da pessoa bem humorada. Quando um vistoso suéter alaranjado agasalha um par de belos e delicados seios, sem ser exagerados, mas na rigorosa medida das deusas helênicas decantadas por Ovídio em Os Fastos(*):

"É certo que era o encanto o ver tal moça,

Lídia flor, e rainha até nas graças!

Comas lustrosas perfumadas soltas!

Colo, espaldas, ombros nus! alvor que cega!

De auripúrpureas majestosas roupas

Túrgido seio a transbordar delícias!

Contra o fogo do sol lhe forma escudo

Leve umbrela dourada em mão d!Alcides."

Tudo em Kátia era belo, delicado, como que mágico, envolvente, apaixonante, atraente e como que exalava um odor agradável da fêmea que Marcos não sentia há muito tempo, tendo ímpetos de agarrá-la ali mesmo, agora mesmo. Marcos sentia-se cada vez mais envolvido, dominado, qual inseto que cái na teia e não consegue desvencilhar-se. Ao contrário. Marcos não queria desvencilhar-se e sim entregar-se àquela situação delicadamente envolvente que não sentia desde os tempos de adolescente.

_____

(*) Os Fastos de Ovídio, Clássicos Jackson,vol. IV, pág.152, W.M. JACKSON INC., editores, Rio de Janeiro.

E Marcos punha-se a cogitar

– Será que ela também não está sendo envolvida por mim? Existe uma possibilidade que sim. Precisaria procurar um meio de testar sobre isso; se ela estaria ou não envolvida por mim também, pensou. Mas cumpriria agir com muito tato para não espantar tão delicada presa. Qualquer gesto ousado, grosseiro, impensado – pensava Marcos – poderia por tudo a perder.

Tendo, então, felizmente, surgido uma idéia que, como se verá, deu certo.

– E daí. Pode-se saber onde mora?

– Claro. Por que não? No Bairro Água Verde.

– Puxa, que coincidência. Eu pretendia passar exatamente por esse bairro e seguir, depois, mais adiante. Assim a deixarei em casa.

A seguir Marcos cogitou com seus botões de que acabara de dizer uma das suas mais deslavadas mentiras, pois seu itinerário verdadeiro seria diametralmente oposto de direção.

Acontece que Marcos queria saber exatamente onde ele morava porque pretendia visitá-la outras vezes se fosse possível. Pois percebia que não poderia mais desligar-se de tão maravilhosa criatura que a cativou perdidamente, por uma atração irresistível.

Marcos imaginava que a Divindade lhe premiara com uma valiosíssima dádiva que serviria como panacéia amenizadora da alma dilacerada em decorrência da dissolução conjugal.

O coração de Marcos pulsava mais aceleradamente que o normal, qual adolescente que acabava de conhecer sua primeira namorada e cogitava consigo mesmo:

– Puxa! Parece que estou ficando apaixonado por essa deusa!

Se o mesmo estiver ocorrendo, também por ela, será uma maravilha que surgiu na hora exata, vindo mesmo a calhar.

CAPÍTULO 4

Momentos delirantes de idílio inédito

Marcos tinha de pensar rapidamente em algum subterfúgio que facultasse interromper o trajeto antes de passar pelo centro da cidade com o fim de poder conversar demoradamente com Kátia. Nisso a Divindade que o acompanha fez com que concebesse uma idéia genial, como veremos a seguir.

– Eu estava com planos de fazer um lanche numa lanchonete do centro. Que me diz? Me acompanharia?

– Sim, respondeu Kátia, pois também estou faminta.

Ótimo, cogitou Marcos com seus botões. Estou indo melhor do que imaginava, consistindo do segundo sucesso depois do primeiro em que ela aceitou a carona. Se continuar assim, pensou Marcos, parece que irei longe.

Marcos dirigiu-se a uma lanchonete situada bem em frente ao seu escritório de advocacia, onde é freguês assíduo.

Estacionaram, desceram e ao sair do carro Kátia abriu a sombrinha e aconchegou-se junto a Marcos para o proteger da chuva, quando ela envolveu seu braço esquerdo pela

33

cintura de Marcos o pressionando junto ao seu corpo de musa, momento em que Marcos como que até sentiu um calafrio de sentir seu corpo roçando o de Kátia, que cheirava deliciosamente, sempre a lhe sorrir de modo cativante. Marcos lamentou que foram só por tão poucos segundos aquele contato maravilhoso que teve a roçar seu corpo com o de Kátia. Marcos tendo pegado numa das suas mãos sentiu-a gelada e a colocou sob seu cachecol para aquecê-las, ambas.

Sentaram-se à mesa e Marcos colocou sua cadeira ao lado da dela e passou a aquecer suas mãos da melhor maneira que lhe fosse possível, com ela aquiescendo e aplaudindo com esse permanente e cativante sorriso.

Marcos continha-se a caro custo de não agarrá-la para beijá-la ali mesmo, aproveitando que não havia ninguém por perto, mas conteve-se, por enquanto, achando que deveria esperar um pouco mais.

De dentro da lanchonete podiam ver e ouvir o malhar violento e incessante do borrifar da chuva contra a vidraça e o zunido sibilante do vento. Marcos aplaudia o comportamento da intempérie pois, enquanto isso não teriam necessidade de se retirarem daquele colóquio adorável jamais vivido antes por Marcos.

Em dado momento chega o garção, todo sorridente, amigo de Marcos:

— É um grande prazer revê-lo, doutor Marcos. Em que posso servi-lo?

— Quero um bauru e um pingado bem quente. Virando-se para Kátia indaga o que quer pedir.

— A mesma coisa, responde.

Quando o garção se afasta Kátia comenta:

— Doutor, hein? Bem que você tem um jeitão de doutor mesmo. Doutor carinhoso.

– Sou advogado e temos escritório bem ali em frente, eu e um colega de turma.

– E a morena linda não me diz o que faz?

– Sou babá e ajudo nos demais serviços domésticos.

E acrescenta que viera de uma cidade do interior do Estado acompanhando a família de um médico e amigo da sua família há poucos anos. Tinha 27 anos e não tinha namorado.

Durante essas narrativas Marcos se distraiu uns momentos lembrando-se do seu drama de que estaria saindo de casa para mudar-se para o interior e que, por isso iria se separar das filhas tanto as amava e que delas iria se separar por tempos delongados, momentos em que se emocionou e algumas lágrimas brotaram em seu rosto.

Kátia, surpresa, indagou o que estava lhe acontecendo que o emocionara, momentos em que Marcos apanhou o lenço, colocando-o no rosto e pondo-se a chorar convulsivamente.

– Por favor, homem. Conte-me o que acontece. E pegou o rosto de Marcos, colocando-o sobre os seios, como fazem as mães quando querem consolar.

– Então Marcos, um pouco mais refeito foi lhe relatando tudo o que lhe vinha acontecendo, desde a separação, a rebeldia das filhas, culminando por acrescentar que não iria ser fácil viver longe dessas criaturas, ainda que se manifestem rebeldes.

Tomaram o lanche e Marcos já se sentia refeito dos momentos pelos quais passou descontrolado.

Capítulo 5

A volúpia do amor

Marcos convidara Kátia para conhecer seu escritório situado bem em frente à lanchonete, no que ela anuiu. Deixaram o carro ali mesmo onde estava estacionado, pois bastava atravessar a rua, no outro lado da calçada.

Não havia viva alma na rua devido ao mau tempo. Até o guarda do prédio estava ausente. Subiram pela escada mesmo pois o escritório era situado no primeiro andar. Estavam de mãos dadas, exultantes, ambos, felizes, de rostos colados.

Marcos abriu a porta do escritório rapidamente, entraram sofregamente e Marcos a abraçou avidamente, beijando-a ternamente. Ela simplesmente exultava e continuava a sorrir, sorrir e sorrir sempre, aquele sorriso cativante, enfeitiçante, irresistível. Quisera ter vocação poética para bem definir o sorriso cativante, olhar brejeiro da mulher apaixonada, lábios carnudos espessos a pedir beijos, invejando, Marcos, não ser dotado da capacidade poética de um Alencar, por exemplo, a declamar delicadamente as figuras dóceis e belas de Cecília e Isabel em O Guarani:

"O sorriso de Cecília parecia uma gota de mel e perfume que destilavam os seus lábios mimosos; o sorriso de Isabel era como o beijo ideal, que fugia-lhe da boca e ia roçar com suas asas a alma daqueles que a contemplavam."

Marcos mordiscava aqueles lábios carnudos, sensuais, que pedia beijos.

Estavam ávidos um do outro. Marcos ia tocando com as mãos por todo o corpo, seios, nádegas, coxas e ambos resfolegavam. Marcos arrojou-se a erguer a saia e ela foi aquiescendo e auxiliando a se despirem, ajudando-se mutuamente. Momentos depois arfavam sobre o divã no mais delicioso amplexo sexual nunca antes experimentado por nenhum deles. Grudados num beijo interminável, insaciável, indescritível, inolvidável. Passaram longas horas nesse êxtase delicioso até se extenuarem ambos.

Seguiram, depois para o banheiro e enquanto se banhavam traçavam elogios mútuos das belezas físicas de ambos; ela se destacava pelos seus *"túrgidos seios"* da musa helênica decantada por Ovídio; e Marcos punha-se a beijar seus túrgidos seios, de Helena de Tróia, da Virgem dos Rochedos de Da Vinci, da Capitu de Machado de Assis e Marcos achava que Kátia superava a todas elas. Ao passo que Marcos festejava o décimo ano de malhação em academia de musculação portador de físico atlético invejável e Kátia, não resistindo passava a apertar Marcos aqui e ali, envolvendo-lhe o corpo, roçando-lhe com os seios ao ponto de precisarem repetir ali mesmo o ato novamente. E Kátia vibrava, gemia, resfolegava, tanto quanto Marcos. Seriam mais agraciados do que os afortunados premiados pelas loterias.

Marcos passou não acreditar em tudo o que estava acontecendo de maravilhoso em sua vida. Depois de tantas decepções da vida conjugal, da dissolução, da separação, da programação de ida para o interior e distanciar-se das filhas que tanto ama, depois de tanta dieta involuntária sexual dilatada, vem de ser premiado com tanta generosidade por uma autêntica deusa comparada com as vestais helênicas e romanas; e o melhor de tudo, estava ali ao alcance dos seus braços, era toda sua, podia beijá-la, apalpá-la, fazer sexo quantas vezes lhe apetecesse. Era muito mais do que Marcos pudesse esperar um dia, custando a crer que essa felicidade se convolasse numa autêntica realidade. A superar os mais valiosos prêmios lotéricos que alguém espera das loterias.

Kátia, por seu turno, igualmente sentia-se muito feliz por ter conhecido Marcos e ter, com ele iniciado um tão lindo romance, já que nunca tivera anteriormente namorado com outro homem de tão apreciáveis qualidades marcantes como homem, já que medra em qualquer lugar uma grande plêiade de oportunistas sem qualquer tipo de futuro em matéria de relacionamento entre homem e mulher. A arrebatadora maioria de homens que Kátia conheceu podem ser classificados como oportunistas que sequer se interessam de ter uma vida séria, normal, para casais, reservando-se, a maioria de assumir responsabilidades efetivamente maritais. Medram mais os aventureiros que procuram se aproveitar das mulheres, sem compromisso, por determinadas temporadas apenas. Depois, cada um para seu lado e seu caminho, desonerados de obrigações maritais.

No caso presente, ambos recém encontrados, sentiram-se mutuamente apaixonados um pelo outro, assumindo compromisso de relacionamento permanente, cada qual perceberam e constataram as qualidades apreciáveis de ambos, propondo mutuamente compromisso de viverem um para o outro perenemente, tendo em vista admirarem-se mutuamente da vida de cada um e das perspectivas de uma vida repleta de felicidade recíproca para ambos, como efetivamente passou a acontecer a ambos pelo decorrer dos anos que se seguiram.

Finalmente, depois de algumas horas Marcos foi levar Kátia para sua casa e, ao descerem do carro Marcos notou que algumas lágrimas brotaram de seus olhos, tendo Marcos indagado porque havia chorado.

Acontece que meio aos diversos assuntos que trataram, incluiu Marcos informar a Kátia que estava de mudança para ao interior e que, agora que o conheceu e o amou, não sabe como iria viver sem a sua companhia.

Tendo Marcos prometido a Kátia que, tão logo se organizasse onde quer que fosse morar, voltaria para buscar Kátia para viverem juntos permanentemente. Mesmo porque, também se apaixonara por ela e jamais poderia viver sem a sua companhia permanente.

CAPÍTULO 6

O retorno vazio na madrugada

Marcos pressionava lentamente o acelerador do Volks de retorno para casa. Onde não havia mais qualquer afeto familiar, cujo romance se desvanecera há muito tempo e as relações com as filhas se resumia ao quase nada. Dezoito anos de vida conjugal, de luta dinâmica para amealhar o patrimônio representado pela casa residencial de valor até que apreciável e parte da fazenda que herdara dos sogros, também de apreciável valor.

Entretanto, face às circunstâncias atuais Marcos já não mais se interessava por nada que consistisse desse patrimônio material, que de bom grado abriria mão em favor da ex-mulher e das filhas. Pretendia, daqui por diante, recomeçar nova vida a partir do nada. Muito acima de tudo isso prevaleceria para lenitivo espiritual a vida com a nova e prendadíssima companheira que acabara de conhecer e que, com ela, tinha certeza de que logo adquiria outra casa, outros bens, porquanto, com ela, não iria ter, desde logo, um amontoado de problemas como que insolúveis como os que ocorriam nos últimos e tempestuosos tempos.

41

De retorno, a luz dos faróis denunciava a presença de numerosos ratos, alguns deles enormes, sem se intimidarem com a aproximação do carro. Seus olhos avermelhados, reluzentes, a refletirem a luz dos faróis geravam uma impressão lúgubre assemelhando-se seres sobrenaturais noturnos, lembrando filmes de terror. Como que a protestarem pela nossa aproximação deixando a impressão de que a nossa aproximação estaria a perturbar sua faina tenaz pela sobrevivência. Uns entram, outros saem de latas de lixo em busca de restos alimentares; em cuja busca são disputados por cães, numa miscigenação de guinchos e latidos. Agem como senhores da madrugada em horários quando mais dificilmente os humanos malvados estão a enxotá-los, procurando exterminá-los; como se não tivessem direito à sobrevivência.

Ouve-se o sino da catedral soar doze badaladas. A chuva cessara fazia pouco tempo e a evaporação conseqüente forma certa cerração a exigir cuidados especiais para dirigir, enquanto o silêncio é interrompido por miados escandalosos de gatos a brigarem.

Minutos depois Marcos chega em casa evitando acelerar o carro para não interromper o silêncio reinante, parecendo que todos dormem nesse momento.

Marcos se recolhe nos estúdios dos fundos, como vinha fazendo ultimamente, pondo-se a dormir num amplo divã, ligando som em surdina de músicas clássicas. Demorando-se, todavia, para conciliar o sono por estar rememorando os momentos de felicidade indescritível que usufruiu na companhia de Kátia, pondo-se a alinhavar os momentos desde quando persistiu para que ela aceitasse a carona, do golpe nela aplicado do lanche na lanchonete, logo bem em frente ao escritório, para que, depois fosse mais fácil convencê-la de a levar ao escritório. Os momentos deliciosos desde a entrada no escritório, a evolução do colóquio amoroso, o arrojo da iniciativa ir erguendo a saia dela, a aquiescência a tudo, a mútua satisfação sexual de ambos, o banho acompanhado de mais ato sexual, para só então fechar os olhos, dormir e continuar sonhando com tudo isso novamente.

De agora em diante, pensava Marcos, teria com quem confidenciar todos os assuntos que se procura discutir com pessoas íntimas, já que isso não ocorria há muito tempo, já que não mais dialogava com a ex-esposa, cujos contatos, geralmente escritos ou por telefonemas restringiam-se às necessidades rotineiras domésticas que dependessem de Marcos. Até as filhas se comunicavam por recados escritos daquilo que necessitavam.

CAPÍTULO 7

O amigo Jackson

Cogita-se do sócio advogado de Marcos, colega de turma, e já trabalhavam juntos cerca de três anos após a graduação. Era um pouco mais novo do que Marcos de cerca de uns cinco anos. Fazia já parte do corpo jurídico da Assembléia Legislativa, o que vale dizer que usufruía da felicidade de ter já seu salário fixo, podendo fazer da advocacia um mero bico, sendo ele sobrinho de um deputado estadual a quem devia a obrigação do cargo que ocupava desde a formatura.

Padecia Jackson daquilo que se costuma chamar de alergia aos livros, assim, sua cultura era bastante inferior à de Marcos, razão porque dependia muito deste para peticionar, para fazer audiências, recursos, enfim quase tudo do que necessitam os advogados na prática jurídica. Era, todavia um ótimo relações públicas e trazia, para o escritório grande parte das causas que eram angariadas na Assembléia, o que representava já uma grande vantagem, porquanto as bancas advocatícias relativamente novas como a deles tem a tendência de padecer de poucas causas para alimentar as necessidades do escritório e de seus donos.

Marcos, por seu turno, tendo trabalhado ainda cerca de uns cinco anos depois de graduado no Banco britânico já referido, e operando como relações públicas da empresa era bastante relacionado e angariava causas através desse relacionamento com personagens da indústria e comércio da cidade.

Chegando Marcos no escritório onde Jackson já se encontrava, desceram para o Café Alvoradinha, muito próximo do escritório, autêntico ponto de encontro de advogados e demais membros da família forense.

Considerando a amizade íntima que tinham, Marcos foi desde logo relatando a Jackson sobre a maravilhosa aventura que lhe ocorreu no dia pretérito, pondo Jackson de olhos esbugalhados e a fazer as mais esmiuçadas indagações.

– E daí, meu, quero os mínimos detalhes; mas que cara sortudo que nem dá para acreditar! Bem que você estava precisando de uma coisa assim, não é mesmo?

E Marcos foi relatando o ocorrido, desde os momentos de insistir para que Kátia aceitasse a carona, sendo que Marcos, todo eufórico, já aproveitava para exagerar em alguns detalhes, como é do feitio da maioria das pessoas.

E, quando chegou então os momentos extasiantes de dentro do escritório, Marcos não poupou detalhes de exagero para enlouquecer ainda mais Jackson que se punha boquiaberto.

– Mas, e daí, meu, quero mais detalhes. Era boa de cama?

– Deus me livre como era; fazia anos que não tinha qualquer encontro com homens, parecia até virgem – redarguiu Marcos. Nunca eu tinha tido experiências tão deliciosas em toda a minha vida, cara! Cheguei a ficar com a pernas mole, cara! Ela parecia insaciável! E hoje vamos repetir tudo novamente.

A seguir saíram juntos em visitas a garagens para auscultar as possibilidades de trocar o Volks num veículo maior, talvez tipo Belina ou Kombi, preferentemente, para caber o escritório e pertences pessoais.

Poucos momentos depois conseguiram localizar uma Kombi linda, cor bege e marrom, bem conservada, embora padecesse do problema de estar alienada com algumas prestações ainda a serem pagas, mas de baixo valor. Embora com cerca de cinco anos de fabricação, mas aparentava muito bem, e então realizaram a troca depois de terem checado seu estado numa concessionária Volks.

Retornaram, a seguir, para o escritório para dar início ao carregamento da biblioteca e o que mais pudesse agasalhar dentro do veículo; onde já existiam alguns apetrechos de casa que Marcos há havia colocado no Volks, incluindo algumas panelas, um pequeno fogão elétrico, toca fitas, livros de biologia, coleções de insetos e de botânica, microscópio e algum material de laboratório de fotografia que fazia parte dos hobbies de Marcos.

Passava já das 16 horas quando ficou tudo pronto para Marcos partir. Antes porém, havia combinado de reencontrar com Kátia pelas 18 horas.

Marcos e Jackson estavam arrasados por se separarem depois de uma companhia de cerca de oito anos. Cinco de faculdade e três de associação profissional. Estavam simplesmente emocionados, ambos. Jackson porém punha-se desesperado a dizer que iria entregar as chaves do escritório ao senhorio e fechá-lo, porque entendia que não estaria preparado para enfrentar tudo sozinho.

— Nada disso, meu. Disse Marcos energicamente. Você, de fato sempre contou comigo pelo fato de eu estar sempre presente e à disposição. Mas posso garantir que você já está apto para trabalhar a sós em tudo o que for necessário. Mas se encontrar alguma dificuldade procure se esclarecer com outros colegas havendo tantos que são teus amigos, inclusive na própria Assembléia. Depois de algum tempo, se ver que realmente não dá conta, então faça o que entender. O que é importante é o escritório já ter clientela suficiente para a manutenção das despesas. E, mesmo, se você manter o escritório aberto e, no caso de eu não vir a ser bem sucedido, tenho chance de retornar e continuar participando da banca e das causas que estão em andamento.

Depois de alguma reflexão, Jackson concordou com tudo o que foi falado nesse sentido, mormente, se no caso de Marcos precisar voltar para reassumir parte do escritório.

Finalmente, já perto das dezoito horas, despediram-se, muito emocionados ambos, e Marcos partiu dali, de um lado arrasado, de outro feliz porque iria reecontrar Kátia.

Chegando próximo da casa dela, viu-a já à espera de Marcos, e já sabia por comunicação telefônica que ele viria de Kombi. Desceu da Kombi e ela veio correndo encontrá-lo. Foi aquela trombada de ambos, ali mesmo na rua.

– Puxa, como está linda!

Kátia se esmerara em preparar-se para reencontrar com Marcos. Entraram na Kombi e Kátia, olhando ao redor de tudo disse:

– Vejo que você já está de malas prontas, pondo-se, a seguir, a chorar convulsivamente.

– O que é isso, menina, ofendi-a de algum modo?

Ao que ela redargüiu:

– É que tenho o pressentimento de que você indo embora vai se esquecer de mim; então acho que morrerei, porque não saberia como continuar a viver sem a tua companhia.

– Jamais iria te esquecer, querida, depois de tudo o que aconteceu de maravilhoso entre nós. Virei visitá-la semanalmente, se possível, quando então visitarei minhas filhas, também. Depois ainda tenho algumas causas em andamento que ainda me renderão alguns honorários. Assim, sou forçado a estar sempre vindo a Curitiba. E, tão logo que eu me estabeleça no interior, virei buscá-la para vivermos juntos para sempre. Eu também não saberia como continuar a viver sem a tua companhia e amizade. Juro para você que estou falando a pura verdade, está bem?

Só então ela se acalmou e acreditou nas palavras e juras de Marcos, voltando a esboçar aquele sorriso maravilhoso que só ela sabia esboçar como ninguém.

– Agora, sim, – disse Marcos – estou vendo novamente a minha deusa sorridente.

Estacionaram, então num motel onde passaram deliciosas e dilatadas horas. Onde também lancharam. Cerca de duas horas depois retornaram para a casa de Kátia, quando Marcos justificou sua ida sozinho, esclarecendo o seguinte:

– Gostaria de levá-la, desde já comigo. Mas veja bem. Aqui você está bem agasalhada na casa onde mora. Eu, por minha vez, entretanto, sequer sei ainda onde vou morar, onde passar a dar aulas em colégio, onde instalar escritório e assim por diante. Enquanto estiver viajando tenho, inclusive condições de pernoitar dentro da Kombi, mesmo a título de economia; onde tenho até colchão e cobertas. Isto, para um homem não é nada demais, não é mesmo? Agora, depois que eu estiver estabelecido, com escritório e casa para morar, tudo certinho, então estaria chegada a hora de vir buscá-la para viver comigo. Você não acha que estou certo?

– Sim, bem pensado, por gente de juízo; mas como não tenho muito juízo, se você quisesse me levar junto iria com você até no inferno, se necessário. Mas prefiro respeitar tua maneira de assim decidir por parecer muito coerente. Prefiro respeitar mais tuas atitudes do que as minhas. Por isso estou de acordo e vejo que assim está muito bem. Inclusive poderemos nos comunicar por telefone de vez em quando, não é mesmo?

– Sim, estarei telefonando para você diariamente e, contando todas as novidades das minhas aventuras.

Finalmente despediram-se demoradamente com muitos abraços e beijos, assim como lágrimas de ambos a banharem seus rostos.

Registrando aqui uma despedida lamentável nestas deliciosas AVENTURAS DE UM ADVOGADO.

CAPÍTULO 8

Despedida de Curitiba

Marcos deslizava sozinho pelo asfalto sob o zunido produzido pelo diferencial da Kombi, quando começou a rememorar a vida que passara em Curitiba durante longos vinte e dois anos, desde que aí chegara em 1947, aos dezoito anos, até esse ano da despedida, 1969.

Sendo que a tela da memória ultrapassou um pouco e retrocedeu por uns tempos, quando para ali veio com seu inseparável colega de serviço, Jeferson, impelidos por determinação do serviço militar, quando dirigiram-se até para tentarem ingressar na Marinha Mercante para essa precípua finalidade e para navegarem por conta do governo em busca de aventuras em outros países.

Porém, o que não fora possível porque cumpriria que, antes fizessem as inscrições e aguardassem aprovação durante trinta ou mais dias, mas os recursos financeiros de ambos não comportava isso, e, tendo saído à procura de empregos não conseguiram sequer na estiva como carregadores. Tinham se hospedado numa pensão na cidade portuária de Antonina, quando então aproveitavam para tirarem umas prolongadas e merecidas férias, quando se divertiam na praia então conhecida como Ponta da Pita.

Trajavam-se com a elegância que os trajes azul marinho predominavam nesses tempos, tendo atraído a atenção de algumas jovens do lugar, que os visitava, sendo a cidade de pequeno porte e a presença desse dois jovens atraentes provocava a curiosidade dos moradores, inclusive dessas jovens, com as quais aproveitavam para namorem por alguns dias.

Visitavam sempre a filial da Drogaria Minerva, rede de farmácias onde trabalharam em Londrina, de onde vieram, e punham-se a conversarem com os funcionários. Até que, num desses dias, receberam a visita de um dos diretores da empresa que conheciam os rapazes como tendo sido funcionários de Londrina. E ofereceram caronas a eles, pois retornaria para Curitiba nesse mesmo dia, além do que havia possibilidades de se readmitirem na matriz ou numa das filiais da Capital.

Passaram, então pela pensão para apanharem suas bagagens.

As classes do ano de 1929, quando nasceram, teria sido dispensada por "excesso do contingente", linguagem militar que correspondia a estar o exército lotado, sem possibilidade de admitir mais gente. Jéferson foi admitido imediatamente, enquanto que Marcos foi admitido em outra importante drogaria na seção de manipulação, que era sua especialidade.

Dois meses depois retornaram a Antonina para pagarem as despesas de hospedagem que haviam ficado a dever porque nessa ocasião já estavam sem dinheiro e a boa senhora os dispensou sem pagar ou para que saldassem a dívida futuramente.

Ao retornarem, agora de trem de ferro, foram surpreendidos pelas correrias de algumas jovens que vieram se despedir deles, a jogarem beijinhos acenaram a eles e prometeram voltar para visitá-las mais tarde.

De retorno, Marcos procurou imediatamente e matriculou-se num curso supletivo de primeiro e segundo grau para prosseguir em seus estudos, até conseguir atingir seu objetivos de se tornar culto, como realmente ocorreu com o correr dos anos. Jeferson, por sua vez, não nutria vontade de estudar.

– Adeus, Curitiba! Adeus, Praça Tiradentes, ornada de ipês amarelecidos de flores, magníficos e delicados canteiros coloridos, onde a soberba catedral de duas torres pontiagudas estilo reduzido da de Colônia da Alemanha exibia dois relógios que badalavam sempre as horas.

– Adeus, Praça Generoso Marques! – gritava Marcos – lembrando-se que sempre trazia as filhas para passearem nessa praça, repleta de passarinhos e onde havia seção de lazer infantil, balanços, carroceis, areia e tudo o mais para recreio infantil. E Marcos olhava demoradamente as palmeiras imperiais e árvores frondosas que ornavam essa praça ampla e antiga.

– Adeus, Cidade Sorriso, berço da civilização de Marcos, onde viveu por duas décadas, e onde experimentou todos os tipos de aventuras, umas agradáveis e outras decepcionantes como ocorrera com a dissolução conjugal, embora viesse, agora, usufruindo momentos dos mais felizes como se viu, com a musa que lhe foi premiado pela Divindade.

– Adeus, filhas rebeldes, que apesar de tudo as amo ternamente! Quando se emocionou e precisou lançar mão do lenço, estacionando por uns momentos, pois passou a chorar convulsivamente. Prosseguindo, momentos depois, quando restabeleceu a calma.

Algumas horas depois subia vagarosamente por um trecho de serra tendo que ser vencido sob o zunido de marchas pesadas cuja viatura transportava cerca de meia tonelada de algumas centenas de livros. Do toca fitas ligado fluía melodias agradáveis que ajudava Marcos a se amenizar dos mencionados traumas espirituais.

Do alto da serra divisava-se amplo desfiladeiro pela margem esquerda vendo-se ao longe nas partes baixas um sinuoso ribeirão coleando em meio aos paredões de formações rochosas, iniciando a essas alturas imensos sítios graníticos que mais adiante formam numerosos blocos, alguns de configurações curiosas a receberem denominações como cálices, taças e semelhantes lembrando esfinges egípcias que em lugares turísticos mais destacados recebe a denominação de Vila Velha. Para onde acorrem numerosos turistas principalmente em fins de semana, havendo hotel e restaurantes.

Marcos, então estaciona para devorar o apetitoso farnel que Kátia lhe preparara.

– Abençoada seja ela – diz Marcos – que Deus a abençoe. Marcos desce um pouco para ir aos sanitários do restaurante, prosseguindo viagem.

Uma ave voando aqui, outra acolá, e no local conhecido por Rio dos Papagaios, na verdade nunca se vê mais essas aves por essas paragens. Terrenos de superfícies, em algumas partes, miscigenando com a cor esverdeada do gramado, o branco do calcário, havendo uma mineração de extrativa de mármore onde um moinho pulveriza esse minério formando montes de estoques, onde numerosos caminhões e pás carregadeiras a se mobilizarem apressadamente; formando nuvens brancas que se formam devido o carregamento e locomoção dos caminhões. Consta que parte do pó de mármore é consumido no trabalho de asfalto de rodovias.

Marcos não cessava de pensar em Kátia, essa dádiva maravilhosa que a Divindade colocou em seu caminho para aliviá-lo de seus problemas espirituais. E punha-se a rememorar o feliz encontro quando ofereceu a ela carona. E imagina que teria sido premiado pela sua atitude arrojada de ter-se encorajado de oferecer-lhe carona, concluindo que só obtêm sucesso as pessoas corajosas, arrojadas, pertinazes, para quem a sorte tende a sorrir sempre. O mesmo não ocorrendo aos desanimados e pessimistas que não correm atrás das oportunidades, esperando que o sucesso venha a seu encontro recostado numa poltrona, escorado nas meras esperanças de sonhos que nunca se realizam. Como assim doutrinam os mestres renomados de relações humanas.

"A espera da "oportunidade"

Muito ligado à acomodação está outro fator que amarra as pessoas, roubando-lhes as possibilidades de sucesso. É a crença muito difundida popularmente de que as oportunidades "ocorrem", batem à porta e, assim, só resta esperar por elas.

Essa idéia é uma verdadeira praga porque tira a iniciativa de buscar, com as próprias forças, atingir os objetivos.

A espera passiva jamais pode resultar em algo de bom.

Mesmo que as oportunidades venham ao nosso encontro sem que as busquemos, é preciso estar preparados para aproveitá-las. Caso contrário, sequer perceberemos que se trata de uma oportunidade."

ZENON LOTUFO JÚNIOR em APERFEIÇOAMENTO PESSOAL E RELAÇÕES HUMANAS, vol.4 de LISA BIBLIOTECA DE COMUNICAÇÃO, ed. 1971, pg.36.

Tem aqui início os primeiros passos das inenarráveis das AVENTURAS DE UM ADVOGADO.

Capítulo 9

Os primeiros percalços da viagem

Em dado momento as elucubrações variadas de Marcos foram interrompidas por um ruído estranho que partia do motor da Kombi e que, por precaução Marcos estacionou o veículo no primeiro dos raríssimos postos de gasolina dessa rodovia para uma checagem sobre esse barulho.

– Batida de biela, meu! – Diz o frentista do posto que entende de mecânica – Se prosseguir estraga a também a carcaça e encarece a retífica da máquina. Tem de ser rebocada numa oficina da cidade.

Já estávamos próximo de Ponta Grossa.

Marcos, sem melhor alternativa, fechou a Kombi e recomendou ao frentista que fizesse o obséquio de cuidar da mesma até voltar com o socorro. Aproveitando para distanciar-se um pouco e urinar, enquanto amaldiçoava o dono da garagem por ter-lhe vendido a Kombi com motor prestes a fundir.

– Deus há de fazer com que lhe nasça pelo menos uma berruga no ânus!

Cerca de uma hora depois Marcos retornava com outra Kombi de socorro e seu dono, descendente de alemão e com esse nome apelidado.

Alemão ligou o motor e o desligou rapidamente a seguir, constatando que realmente havia fundido o motor. Amarrando, a seguir uma corda para rebocar a Kombi, mas que na opinião de Marcos, parecia ser muito curta para a realização da perícia.

A oficina do Alemão distava de cerca de uns trinta quilômetros, dando início a rebocagem. Alemão que já aparentava uma cara de maluco passou a desenvolver uma velocidade aproximada de 80 klms. Horários, o que punha Marcos apavorado, tendo em vista a possibilidade de desastre. Procurava chamar a atenção do Alemão, buzinando, dando sinal de luz, com as mãos, mas ele fazia como quem nada vê.

A certa altura da rebocagem, entretanto, Marcos começou a sentir uns solavancos que partiam do pneu dianteiro do lado direito e imaginou que estaria formando papo que poderia explodir a qualquer momento. Urgia que fosse trocado pelo pneu socorro. Passando a dar todo o tipo de sinais para que o infeliz do Alemão parasse, mas nada adiantou. Até que a certa altura aconteceu o pior que Marcos já esperava; explodindo o pneu PUUUMMM! e obrigando a Kombi a defletir em direção ao acostamento. Com a pressão imprimida à corda, esta arrebentou e só por sorte que não capotou.

Só então é que o Alemão parou com o barulho da explosão do pneu e a ruptura da corda.

-- Fuhl! gritou-lhe Marcos. Dubiks farrid! (Doido, tá louco, em alemão). É que Marcos assimilou vasto vocabulário em alemão quando seus pais residiram alguns anos numa cidade onde predominavam alemães.

— Puxa, dotorr está brranco! levou muita susta? Dotorr muita crraque prra dirixir Kombi rebocada, naín? Até checou a aprrender alemão, yá?

Levando tudo na gozação enquanto Marcos punha-se revoltado com as maluquices de rebocar com essa velocidade e em corda tão curta.

— Dexa que Alemão trroca pneu. Chiiii! estrrepe mais carreca do que cabeça de dotorrrr.

Alemão punha-se a rir o tempo todo, enquanto Marcos não lhe achava graça nenhuma, pois poderia até ter-lhe matado se não tivesse conseguido estacionar.

Até que, em dado momento chegou a vez de Marcos também rir, mas não do acidente e sim porque iria ter de pagar o alemão com cheques pré-datados, porque tinha só algumas migalhas de dinheiro para as necessidades da viagem.

Ao reiniciar a rebocagem Marcos lhe advertiu que não corresse tanto por ser perigoso, ainda mais que agora a corda estava mais curta.

Poucos minutos depois chegaram na oficina e residência do Alemão, situada logo na entrada da cidade.

Aberto e desmontado Alemão entregou a Marcos a lista das peças a serem compradas, tendo Marcos seguido de ônibus a Curitiba, dirigindo-se a uma casa de peças que era freguês e onde tinha crédito, comprando tudo à prazo e retornando depois. Evitou de procurar Kátia para não preocupá-la com um problema aparentemente grave, mas que ele superaria sem maiores dificuldade.

Como demoraria cerca de dois dias, Marcos disse ao Alemão que dormiria dentro da Kombi mesmo e que apenas usaria o banheiro dele quando necessário. Sua esposa, entretanto não permitiu isso e determinou energicamente que ele usasse o quarto de hóspede que possuíam. Além de terem-lhe dado refeições. A esposa de Alemão aparentava-se ainda bastante jovem e bela, apesar de que tinham já três filhos, dois adolescentes, já.

Confessaram-se honrados em hospedar na sua humilde casa *um doutor advogado*.

Alemão não fez objeções em receber dois cheques pré-datados de Marcos desde que este lhe havia inspirado a confiança de homem probo incapaz de causar prejuízo aos outros.

Prosseguindo viagem e registrando mais essas peripécias nos relatos das AVENTURAS DE UM ADVOGADO.

Capítulo 10

Região Cascavel - Toledo e Marechal Cândido Rondon

Marcos seguiria para a região de Cascavel orientado por instruções oriundas de Secretaria de Educação de Curitiba, contatando, inicialmente a inspetoria de ensino de Cascavel, tendo sido informado que não havia mais vaga nessa cidade, mas deveria existir nas duas cidades próximas, Toledo e Marechal Cândido Rondon, cerca de quarenta klms. a primeira e aproximadamente a mesma distância a seguinte. Checando a primeira, Toledo, estava já tudo lotado de professores, mas que sabiam faltar na próxima cidade, para onde, então, Marcos seguiu.

A estrada que demanda as essas duas cidades não são asfaltadas, sendo poeirenta e esburacada, obrigando a dirigir a menos de quarenta por hora.

Extensas áreas verdes de ambos lados da estrada, com vastos trechos de plantação de soja, em alguns locais estendendo-se até onde alcança a vista, até a linha do horizonte onde o céu beija a terra. Quase a lembrar a paisagem que se vê no mar. Onde a selva virgem cedeu lugar ao novo panorama verdejante do soja. Sendo intermitentes os trechos, ora de soja, hora de selvas ainda virgens, não tocadas pelo homem, sem ser ainda vitimadas pela foice, machado e arado. Havendo ainda vastas reservas florestais. Que seriam devastadas dentro de poucos anos, não bastassem já as serrarias que são responsáveis pelas primeiras depredações das selvas.

Um veado aqui, um tatu acolá, abundando animais de pequenos portes, alguns vistos ao longo da estrada, outros nos galhos das árvores como macacos e pássaros verdes a fazerem algazarra. Ouvindo-se a constante melodia assobiada por bandos de pássaros, não obstante o ruído do motor.

Fazendo, ao ensejo, Marcos lembrar-se de São José dos Bandeirantes, uma área que seus pais possuíam em lugarejo nascente próximo da comarca de Rolândia na região então nascente situada no norte do Estado.

Onde abundavam animais silvestres múltiplos, em região ainda semi-virgem, com bandos enormes de pássaros dos mais variados, mas também com a presença desairosa de numerosas cobras, muitas delas venenosas.

Próximo da casa de moradia fluía o Ribeirão São José do qual teria se originado o nome da região, São José dos Bandeirantes. Marcos e outro irmão pouco mais velho iam sempre refrescar-se nas águas desse ribeirão, não obstante os protestos da mãe de ambos.

Onde ouvia-se o farfalhar das frondosas árvores, miscigenando-se ao suave murmúrio do ribeirão e da algazarra da passarada com bandos de pássaros verdes.

Descortinando-se, finalmente, depois de mais horas do que se imaginava demorar, a nascente cidade denominada Marechal Cândido Rondon, – o marechal descendente de aborígenes – verdadeira colônia de alemães, vindos do

Rio Grande do Sul, tchê. Dirigindo-se, Marcos, a um posto de gasolina para assoprar com ar comprimido a poeirama que cobria o veículo. Necessitando dirigir o jato de ar também em sua direção, pois estava coberto de pó avermelhado, fazendo levantar nuvens, principalmente da Kombi cuja cor teria passado a ser marrom total. Inclusive por dentro do veículo desde que a poeira penetra também, sendo mal calafetada as portas de entrada do veículo. Só então é que vai receber a ducha, confiada a perícia ao lavador do posto. Enquanto Marcos se dirige ao Hotel do Gaúcho, próximo dali, ao que Marcos achou cômico o nome, já que outros hotéis são também de proprietários vindos do Rio Grande do Sul.

Os primeiros jatos de água formavam espumas que passavam pelo corpo de Marcos escorriam na cor marrom, e que ia clareando aos poucos ir clareando gradativamente. Marcos achava que iria gastar um sabonete inteiro.

Gaúcho, o apelido do proprietário, revelou-se muito hospitaleiro, procurando atender o hóspede em tudo o que necessitasse.

– Não faça cerimônia, tchê, estamos aqui para serví-lo.

Ao que Marcos ficou a pensar se ele continuaria a sorrir quando soubesse que só poderia pagar pela hospedagem quando recebesse os vencimentos relativo as aulas. Mas gaúcho já estava acostumado com isso, pois tinha outros hóspedes nas mesmas condições, alguns deles professores, também.

Por quase todos lugares que Marcos passava ouvia estarem falando em alemão e conseguia assimilar um pouco das conversas por ter assimilado apreciável vocabulário em sua adolescência quando morou em cidade caracterizada como colônia alemã, Rolândia, norte do Paraná.

A distribuição das aulas no Colégio Estadual seria dali a três dias, tendo, assim dado tempo de Marcos as ter requerido, preferentemente da disciplina de inglês, que, como foi dito, Marcos era bastante versado. Como havia pouca concorrência de professores, foi agraciado com generoso número de aulas.

Iniciadas as aulas Marcos se apresentou e pediu que aqueles que falassem alemão levantassem a mão. A maioria assim o fez, então Marcos disse que iria esforçar-se para aprender alemão com eles, pois já falava bastante o idioma. A seguir observou aos alunos que, aqueles que falassem já esse idioma iriam ter muito mais facilidade de apreender inglês, porque isso aconteceu com Marcos que, primeiramente aprendeu bastante alemão e, quando foi estudar inglês viu o quanto facilitou o aprendizado por conhecer bastante do idioma alemão.

Esclarecendo ainda a eles que há muitos séculos passados, ainda nos tempos dos bárbaros, numa das maiores tribos dos bárbaros, os germanos, faziam parte dessa tribo os alamanos e os bretões, que mais tarde evoluíram, respectivamente para alemães e ingleses (Grã Bretanha). Inicialmente ambas tribos falavam a mesma língua. Tanto assim que até hoje, muitos vocábulos se assemelham muito nas duas línguas, como por exemplo:

Portguês	inglês	alemão
água	water	wasser
agradecido	thank you	tank schein
sanitário	water closed	wasser closet
cerveja	beer	beer
de me	give me	kip mi
venha cá	come here	coma hea
bom dia	good morning	gut mórguen

boa noite	good night	gut narcht
manteiga	buter	buta
tomar café	coffee drink	caf trink
tudo	all	ales
nada	nothing	nichts

e numeração de um a dez:
one, two, three, four, five, six, seven, eight, nine, tem.
ain, tssuai, drái, fiel, fenf, zex, ziben, acht, nóin, tssen.

Existem muito outros vocábulos mais que se assemelham e ambas línguas, mas do que falaremos mais em outras aulas.

Por enquanto gostaria de saber quem gostaria de ensinar um pouco de alemão ao professor, levantando a mão. A grande maioria o fez, salvo um ou outro descendente de italiano, cuja colônia era também grande.

Já vi que seremos bons amigos – nisso soou o sinal –

– Au fiderzein, tankshen! (Adeus, obrigado)

Marcos sentiu que foi bem recebido e que os alunos se simpatizaram por ele, o que já é um bom começo. O mesmo ocorrendo com as demais turmas matinais e noturnas.

Antes de retornar ao hotel Marcos dirigiu-se à telefônica, como era costume naquele tempo, para não fazer interurbano no hotel desde logo, e ligou para Kátia. Foi aquela choradeira. Já fazia cerca de uma semana que Marcos não lhe ligava, contando tudo o que aconteceu, inclusive o problema do motor da Kombi. Contou que já estava com escritório instalado embora ainda não fosse ainda Comarca mas apenas Município. Quando as eventuais causas seriam ajuizadas em Toledo, sede da Comarca. Que, por sua vez era outra filialzinha da Alemanha, também.

Marcos se emocionou um pouco também e sua fala denunciava isso, porque a fala sai pela garganta um tanto apertada.

– Vamos torcer, querida, que dê tudo certo aqui, que depois de uns tempos irei buscá-la para vivermos juntos, felizes. Tá bem? Um beijão, então e até outra ligação. Te amo muito, querida. Escreverei uma carta também, depois.

– Eu também te amo muito, querido. Cujas palavras quase não conseguiam ser pronunciadas devido a emoção.

E Marcos chegando no hotel, depois de banhar-se e jantar resolveu escrever uma carta para Kátia, já que em telefonemas interurbanos recomenda-se não falar muito devido ao custo elevado.

Marechal Cândido Rondon, abril, 1970

Queridíssima Kátia – amor da minha vida

A saudades que tenho de você quase me mata. Sendo um verdadeiro sacerdócio a gente estar morando sozinho nestes sertões tão distantes, longe da civilização de Curitiba onde vivi durante mais de vinte anos. No meio de tantos amigos e parentes.

Mas, a vida é assim mesmo. Tem seus altos e baixos. Tristezas alegrias. Mas o que nutre muito a alma da gente é a esperança. Esperança que a gente tenha sucesso e possa reorganizar um novo lar, uma nova vida e que possamos estar vivendo juntinhos, usufruindo desse amor maravilhoso que passamos a ter um pelo outro.

Antes de prosseguir com as notícias da minha viagem até chegar aqui, deixe-me te contar um pequeno detalhe do Hotel do Gaúcho onde estou hospedado. O Gaúcho é gente finíssima,

atencioso aos extremos, a comida que fornece no restaurante é dessas conhecidas da cozinha gaúcha com abundância de
pratos a escolher. Apesar de tudo tem freguesia relativamente
pequena, sobrando numerosos quartos vazios. Embora o preço
que cobra é do mais baratos da cidade.

Mas sabe, querida, hoje é que passei a desconfiar o porque de não ser seu hotel repleto de hóspedes.

Acontece que ele tem um chiqueiro onde cria porcos
para aproveitar restos de comida para engordar seus capados,
mas que, a distância do chiqueiro, que deveria ser bem longe
do prédio do hotel, infelizmente, não o é. Mas ao muito só de
uns 50 metros e, você sabe o que evapora desse chiqueiro, não
é mesmo? Um fedor insuportável de fezes suínas que, quando
o vento assopra vindo da direção do chiqueiro, a maior parte
das pessoas que estão no hotel inventam uma desculpa qualquer para retirar-se para bem longe. E aqueles que estão só de
passagem por um dia, nunca mais voltam ali. Mas e a gente
que é obrigado a pernoitar no hotel? Não tem remédio. Liga-se
o ventilador na maior velocidade, mas o pobre do ventilador
não dá conta de eliminar o cheiro.Procura-se espargir perfumes
para tapear um pouco o fedor. Tendo horas que a gente chega a
pedir para morrer.

Mas, o que acontece, entretanto, é que esse Gaúcho é
o único da cidade que aceita hospedagem de candidatos a professores para somente pagar o preço da hospedagem quando
receber os proventos do Estado.

Ao contar um tipo de estória como essa, a tendência de
quem ouve é achar graça e até dar risadas do azar dos hóspedes vitimados. Mas a gente mesmo, querida, tem é vontade de
chorar e, por vezes, até de suicidar-se. Muitas vezes já pensei
de entrar na Kombi e ir dormir dentro dela no posto de gasolina
que fica próximo dali. Chego até a pensar que, um dia quando
mudar desse hotel, em nunca mais vou ter coragem de comer
carne de porco.

Bem, quanto ao problema da Kombi que te contei por
alto que estragou no caminho, foi na realidade coisa gravís-

67

sima, ou seja, fundiu a máquina e fui obrigado a encostá-la numa oficina de Ponta Grossa e fazer a retífica. Fui do ônibus a Curitiba comprar as peças necessárias mas não tive coragem de procurá-la numa situação desastrosa como essa e deixar você muito preocupada. Tendo, então, decidido te contar tudo só depois do problema resolvido. Comprei as peças fiado e paguei a mão de obra com cheques pré-datados.

A cidade onde estou é Marechal Cândido Rondon, distante de Cascavel – que é o centro desta região – de cerca de uns 80 kms., por onde se roda em estrada sem asfalto, daquelas de poeirão vermelho e a Kombi fica coberta de pó marron avermelhado, inclusive a gente também chega na cidade todo coberto de pó. E, quando se chega num posto de gasolina para assoprar o pó, a gente tem de ser assoprado também porque as roupas ficam também cobertas de pó. Quando se vai tomar banho, você precisa ver as primeiras espumas que escorrem do corpo, amarronzada e depois vai clareando aos poucos.

O maior parte do povo daqui tem cor branca ou até levemente avermelhada, cabelos loiros e olhos azuis. Parece outro país.

Quanto ao escritório encontrei uma sala bem central por preço barato. Ainda bem que o dono não cobra aluguel adiantado senão eu estava ralado por estar com pouco dinheiro.

Vou deixar o resto para outro dia, senão não terei assunto para outra carta.

Estou morrendo de saudades e te amo muito.

Muitos beijo e abraços.

Teu inesquecível Marcos.

Ficam, assim, registradas mais algumas incríveis AVENTURAS DE UM ADVOGADO.

Capítulo 11

Retorno frustrado a Curitiba

Tudo parecia fluir normalmente e de acordo com as programações de Marcos, num ambiente de expectativa e até de certo entusiasmo, no sentido de tudo convergir para o sucesso. Tanto assim que Marcos vinha fazendo visitas às poucas empresas da localidade, incluindo hospitais, médicos, dentistas e outros, no sentido de ir propagando a instalação do escritório, atendendo a uma máxima de relações públicas de que quem é visto é lembrado.

As aulas tinham já iniciado há pouco mais de uma semana, com várias turmas diurnas e noturnas. E os alunos gostavam de Marcos que sempre procurou tratar a todos com o maior desvelo e atenção. E vinha, ao mesmo tempo procurando os primeiros contatos no sentido de ir aprimorando seus conhecimentos do idioma alemão. Com isso se entrosava ainda mais com os alunos de todas as turmas. A maioria dos alunos demonstrava o maior interesse no aprendizado do idioma inglês. E Marcos se esforçava ao máximo em ensiná-los, procurando sempre recapitular elementos de gramática da nossa língua, condição imprescindível para a maior assimilação do ensino do inglês.

De repente, entretanto, Marcos ouviu comentários entre os professores de que o governo passava por dificuldades financeiras e só iria pagar os professores só depois do advento das férias de julho e só iriam receber lá pelo mês de agosto, com o acúmulo dos meses atrasados. Essa notícia provocou a sensação que se tem, de que desaparece o chão onde estamos pisando e que tem-se a sensação de que o corpo começa cair num abismo sem fundo, não se tendo onde agarrar. Seria o caos de uma situação aparentemente sem solução. Mas Marcos não podia esmorecer, entregar-se à derrota, decepcionar seus dependentes que contavam exclusivamente com ele para sobrevivência. Cumpria que encontrasse uma solução urgente, a curto prazo. Pois o curto espaço de tempo transformava em perigoso inimigo os ponteiros infalíveis e impiedosos do relógio do tempo.

Cumpria raciocinar rapidamente para suprir o desastre que podia ser comparado como um terremoto, um maremoto, uma avalanche que arrasta tudo de roldão que encontra pelo caminho, casas, veículos, gente, etc., ou também a ruptura dos diques de uma hidroelétrica que inunda as terras ribeirinhas, casas, veículos, gente, desabrigando todo mundo.

Ora, em épocas assim as vítimas sentem-se inaptas para tudo, inclusive para raciocinar friamente.

Ora, para Marcos que já estava praticamente sem dinheiro e sem outra fonte de renda para auto sustento e da família, essa malfadada notícia funcionou como se fora um terremoto ou raio numa tempestade que fulmina a tudo quanto toca. Ora, professores suplementaristas têm como única fonte de renda para sobrevivência os salários que recebem nos fins de mês, quando estão, na maioria, simplesmente duros, sem vintém nos bolsos. E a família? Pensava Marcos, sempre dependeu das suas exclusivas rendas.

70

Felizmente a Divindade dotou Marcos de uma personalidade que detém a rara virtude de não se descontrolar com qualquer que possa ser a situação dramática, por pior que seja. Ao contrário, quanto mais séria a situação dramática, maior a calma que consegue conservar, não ficando nunca sem se safar dos maiores apertos que já experimentou em sua vida. Assim, encontrou como única saída a seguinte.

Restaria como última alternativa largar tudo como se nada tivera acontecido com tudo o que conseguiu realizar até ali e voltar, imediatamente, para Curitiba. Lá, pelo menos poderia contar ainda com alguns honorários relativos a algumas ações ajuizadas e em andamento.

Assim como, na pior das hipóteses recorrer a parentes, a amigos, e a eventuais empréstimos, se necessário, já que desfrutava de bom nome e crédito bancário. Tendo Marcos determinantemente avisado a diretoria que procurassem um substituto porque ele não tinha condições de continuar dando aulas porque, senão a família iria acabar passando fome. Sequer achou tempo e coragem de despedir dos alunos, recomendando a diretora que o fizesse e justificasse a atitude involuntária aos alunos para não decepcioná-los tanto.

Partiu, a seguir, ficando a dever hospedagem e alguns dias de aluguel, esclarecendo tudo a esses credores que aceitaram as justificativas, comprometendo-se a voltar um dia ali para pagá-los. Como realmente o fez tempos depois, do que falarmos em outros capítulos seguintes. Tendo abastecido a Kombi com cheques pré-datados e ainda enchendo alguns galões de combustível necessário para chegar em Curitiba, desde que felizmente fez boa amizade com o proprietário do posto que passou a confiar em Marcos.

Não fora isso e teria sido um desastre. Despedindo-se de todos e se deslocando com a maior velocidade que a lerda viatura permitia, sem sequer volver os olhos para trás, lembrando-se da lenda bíblica da mulher de Ló que, quando volveu o olhos para trás, lembrando o mundo vil que adorava, transformou-se numa estátua de sal.

Chegando em Cascavel, novamente a perícia do ar comprimido para assoprar a Kombi e seu corpo todo empoeirado. Banhando-se no banheiro do posto mesmo e prosseguindo viagem a seguir. Passando a sanduíches de pão com mortadela e sacolas de leite, para economizar e condizente com o pouco que restava de dinheiro ainda.

Tendo chegado em Curitiba, a primeira coisa que fez de importante foi a de advertir Miriam, sua ex-esposa do que vinha ocorrendo e que procurassem economizar o máximo que pudessem até que tudo viesse a se normalizar. Isto porque ela sempre se revelou uma devassa, nutrindo o péssimo hábito de gastar mais do que o possível. Tendo ela recebido a notícia com certo desespero, confessando que já estava sem dinheiro. Tendo sido, inclusive, necessário que Marcos reabastecesse a despensa com material comestível dentro de suas possibilidades. Como sempre, com cheques pré-datados, já preocupado e temeroso de não poder honrá-los com os fundos necessários.

A seguir correu, finalmente, ao encontro de Kátia, não sem primeiro ligar a ela avisando-a de sua vinda, e o encontro representou uma festa de muita alegria para ambos, apesar de tudo. Passaram longas horas namorando e procurando por em dia toda escrita atrasada.

Essas são mais algumas façanhas a ilustrar as inenarráveis AVENTURAS DE UM ADVOGADO.

CAPÍTULO 12

Um rapto delicioso imprevisto

No dia seguinte ao reencontro delicioso com Kátia, Marcos foi até o escritório para encontrar Jackson e contar-lhe todo o ocorrido desde que teria saído de Curitiba.Jackson pôs-se boquiaberto com tanto azar, tanta dificuldade, tantas peripécias que somente um herói teria suportado e dado a volta por cima. Ficou exultante com o retorno de Marcos, que, de rotina tanto necessita dele profissionalmente.

E Jackson entregou algum dinheiro a Marcos de casos que patrocinavam juntos e que rendeu alguns honorários. Se não muito, mas o suficiente para reabastecer a despensa com mantimentos para algum tempo. Sendo que Jackson ainda colocou-se à disposição de Marcos para o caso de necessitar auxílio financeiro, inclusive para avaliar eventuais empréstimos bancários.

A seguir Marcos deu início à via sacra forense para ver a posição dos processos em andamento. E, em dado momento encontrou um velho amigo, dos tempos de colega bancário que tinha banca advocatícia numa das cidades do sudoeste e que teria sido eleito deputado estadual. Ao que

Marcos relatou-lhe por alto as ocorrências da viagem e os resultados negativos do aspirado magistério.

Sendo que esse colega convidou Marcos a mudar sua banca para a sua cidade, Pato Branco, onde poderia patrocinar as causas cíveis e trabalhistas, já que ele só advogava no crime incluindo júris que eram constantes; sendo que ele usufruía a fama de ser o melhor tribuno de júris em toda essa região. Garantindo-lhe que nessa cidade existe muito serviço e poucos colegas como concorrentes e que poderia contar com sua ajuda e seu relacionamento, pois como deputado estadual desfrutava de grande prestígio em toda a região. Além de que poderia angariar causas em várias outra cidades vizinhas, muitas delas bastante próximas dali.

Enfim conseguiu insuflar um entusiasmo desmedido em Marcos, que não podia deixar de acreditar num velho colega de tantos anos como esse. Que finalmente convidou-o a visitar sua casa e sua banca quando lá chegasse. Possuía, ainda esse colega, loteamentos de lotes urbanos donde angariava apreciáveis rendimentos relativos a prestações mensais de lotes vendidos. Assim era detentor de considerável patrimônio, tendo progredido muito como advogado e político.

Imaginou, assim, que segundo tantas informações em torno da vida bem sucedida desse colega, que, tudo parecia que havia muitas possibilidade de sucesso também para Marcos.

Só que desta vez decidiu convidar Kátia para ir com ele para essa cidade, tendo então contado tudo a ela sobre a entrevista com esse importante ex-colega deputado estadual.

Ao que Kátia nem bem esperou Marcos terminar a conversa e já acrescentou:

– Repito o que já disse antes a você ou seja, com você vou para qualquer lugar, inclusive para o inferno se for preciso, desde que esteja na tua companhia. Programaram então de pegá-la à meia noite desse dia.

Marcos aportou pontualmente à meia noite, mas dessa vez pelo portão dos fundos da casa, como Kátia havia orientado e lá já estava ela de malas prontas. Embarcando rapidamente, partiram rumo a Pato Branco, depois de rápidos beijos e abraços. Jamais Marcos esperaria que em toda a sua vida pudesse ser ator de um tão delicioso rapto. Rapto da musa helênica, da mesma maneira com que Helena de Tróia teria sido raptada pelo seu namorado Aquiles, com a diferença que do rapto da musa Kátia, não iria resultar em guerra como aconteceu com os gregos e com os troianos.

Então Marcos deslizava com a Kombinão sozinho como fizera durante a primeira viagem, mas agora agarradinho com Kátia, que, como estava com sono dormia tranquilamente fazendo de travesseiro o colo de Marcos que, por sua vez acariciava aquela longa e cacheada cabeleira, perfumada, até que, com o roçar de sua cabeça junto ao sexo de Marcos, estimulou os sentidos genésicos masculinos, e, Marcos, já prestes a ejacular, acordou a deusa e defletiu a Kombi na primeira moita onde pudesse ocultar a Kombi e foi ali mesmo que, de longe via-se uma Kombi balançando misteriosamente. O que seria, o que não seria?

Prosseguindo, depois, a viagem, com ambos satisfeitos fisiologicamente dessa maravilhosa função que se faz indispensável à vida das pessoas.

Duas horas depois de viagem alcançavam o hotel de turismo do sítio arqueológico de Vila Velha, onde desceram para uso dos banheiros, o que foi possível embora o hotel estivesse desativado, mas um guarda cuidava de tudo e autorizou que eles usassem as instalações sanitárias.

Ainda bem que Kátia havia preparado um suculento farnel, com pasteis e tudo o mais, que devoraram boa parte do mesmo.

... imensos sítios graníticos ... numerosos blocos... cálices, taças e semelhantes lembrando esfinges egípcias... recebe a denominação de Vila Velha...

Prosseguindo, depois, viagem. Algumas horas mais tarde, logo após Guarapuava, alcançaram a rotatória que, contornada à esquerda, alcança a rodovia secundária que demanda a Pato Branco. Rodovia que apresenta longos trechos construídos em região pedregosa, imaginando-se que teriam explodido muita dinamite para remoção de pedreiras, por vezes enormes.

Caracterizada por pinheirais incontáveis, árvores soberbas cujas copas se projetam mais altas que outras, com suas copadas voltadas para cima como que cultuando seu Criador.

Ouvindo-se a orquestra maravilhosa assobiada por bandos de pássaros de espécies variadas, miscigenada por algazarra oriunda de pássaros verdes e eventualmente o silvo estridente da gralha azul, encarregada de espalhar as sementes dos pinheiros. Aqui e ali bandos de macacos gritando escandalosamente assustados com a nossa aproximação.

Eventuais animais pequenos atravessam a rodovia aqui e acolá, coatis, coelhos, tatus e outros.

Kátia põe-se encantada com esse espetáculo encantador encenado pela natureza e que não via há tantos anos, fazendo com que se lembrasse dos tempos de infância que viveu em fazendas onde havia também trechos de selvas virgens.

Bem assim Marcos tinha também recordações de São José dos Bandeirantes onde viveu alguns anos durante a adolescência em selvas virgens quando havia ainda pouca depredação da natureza, quando os agricultores ainda não dizimavam tanto as selvas com máquinas agrícolas que ainda não existiam, mas apenas com ferramentas manuais mais modestas como foice, machado e enxada. De que Marcos também chegou a fazer algum uso tendo apreendido o árduo trabalho da lavoura.

A formação montanhosa dessa região obrigou a engenharia a fazer plantas de inúmeras curvas, algumas até perigosas obrigando a desenvolver velocidades baixas, mormente para quem a percorre pela vez primeira. Mais ainda quando tem início um trecho de descida que obriga o uso de marchas pesadas e em dado momento passa-se a ouvir o rumor das águas turbulentas do caudaloso Rio Iguaçu, surgindo então enorme clareira dando início à passagem pela longa ponte, verdadeira obra de arte de engenharia, plantado do lado direito um obelisco de estilo arrojado, quando Kátia encareceu que parassem um pouco para tirar algumas fotos.

Logo após a travessia divisa-se uma placa da FUNAI à margem esquerda, onde está postada uma barraca com aborígenes e crianças nuas a exibirem artesanatos coloridos encantadores, quando estacionamos novamente. Kátia toma emprestado um cocar que coloca na cabeça para ser filmada com o mesmo, ao lado das crianças indígenas. E, apesar de estarmos economizando compramos alguns souvenirs e Kátia entrega alguns bombons às crianças.

Observa-se, pela aparência, que são muito humildes, com aparência de muita pobreza e carência geral, que denuncia passar necessidades. Embora estejam sempre sorridentes como crianças. Nem são definidamente civilizados nem habituados mais como indígenas mas, como que corrompidos sob os costumes dos civilizados; e como vivem mais embrenhados nas selvas do que nas cidades, estão distantes dos recursos usufruídos pelos civilizados, inclusive assistência médica, farmacêutica, odontológica, escolas para educar as crianças e outros recursos que estão ao alcance das mãos dos civilizados.

Concluindo-se no fracasso da tentativa de torná-los civilizados, o que os faz indecisos, ou de abraçar e viver a vida dos aborígenes como sempre viveram anteriormente, ou a se integrar radicalmente no meio dos civilizados, sem terem-se adestrado previamente com profissões definidas, tais como pedreiros, carpinteiros, e outros. E assim, os que se arrojam a tentar a vida nas cidades, passam a viver de sobras de legumes e verduras despejadas pelos feirantes, a mendigarem por roupas usadas, remédios, esmolas, etc.

A FUNAI, Fundação Nacional do Índio, instituída para a proteção dos mesmos, vive desprovida de recursos daquilo de que eles necessitam, tornando-se um órgão inútil para a finalidade de que foi instituída. Tratando-se de um mal sine cura permanente. Tanto assim que em certas ocasiões fazem eles rebeliões violentas

E para conseguirem aquilo de que necessitam, seqüestram serventuários da FUNAI, vão à Capital Federal reivindicar seus direitos, nem sempre tendo sucesso nas suas reivindicações.

Enfim distanciaram-se muito de seus ancestrais robustos, fortes, valentes, temidos, heróis, decantados por poetas indianistas como por exemplo Gonçalves Dias em I-Juca Pirama;

Meu canto de morte,
Guerreiros ouvi:
Sou filho das selvas,
Nas selvas cresci;
Guerreiros, descendo
Da tribo tupi.

Da tribo pujante,
Que agora anda errante
Por fado inconstante,
Guerreiros, nasci:

Sou bravo, sou forte,
Sou filho do Norte;
Meu canto de morte,
Guerreiros, ouvi....

A vida é combate!

Que aos fracos abate

Que os fracos aos fortes

Só pode exaltar

Um dia vivemos

O homem que é forte

Não teme da morte

Só teme fugir...

"São rudes, severos, sedentos de glória,

Já prélios incitam, já cantam vitória,

Já meigos atendem à voz do cantor;

São todos Timbiras, guerreiros valentes!

Seu nome lá voa na boca das gentes,

Condão de prodígios, de glória e terror!

Extraídos das obras POESIAS – 2, Clássicos JACK-
SON, vol. XXXIX, pg. 2295 e LISA BIBLIOTECA DE
COMUNICAÇÃO, vol. 1, pg. 174.

Estaríamos já bem próximos de Pato Branco que alcançamos cerca de uma hora depois.

Estacionamos num restaurante com a placa de Bar
Cantu onde havia uma placa que informava haver quartos
para alugar. Fomos atendidos atenciosamente pelo proprietário, um gaúcho muito alegre. Tratando-se de construção
de madeira, com um andar superior, como existiam muitas
iguais nos arredores.

– Estamos à procura de um lugar onde possa instalar
escritório de advogado, disse Marcos.

– Pois vieram ao lugar certo, tchê. Foi desocupado um enorme salão no andar de cima onde funcionava um sindicato, tendo até algumas divisões onde poderão morar, também. Faremos um preço barato e não cobramos adiantado.

Marcos e Kátia olharam tudo a acharam adequado para escritório e moradia e fecharam negócio irresolutamente.

– Nem precisa fazer contrato, tchê, pois vejo tratar-se de gente muito boa e a gente não se engana com essas coisas.

Descarregaram tudo e o gaúcho providenciou gente para ajudar a carregar tudo, subindo e descendo a escadaria inúmeras vezes até esvaziar a Kombi.

Banharam-se, fizeram amor e resolveram ir visitar o amigo deputado que tinha escritório bem perto dali.

Marcos apresentou-lhe Kátia e recebeu do deputado elogios pela escolha de tão bela companheira.

– Fez muito bem em ter já alugado escritório porque assim, quando precisarmos um do outro a gente sente-se mais à vontade, digo, sem impedimento por não fazermos parte da mesma banca.

Tenho certeza que será bem sucedido e pode contar comigo no que for preciso, pois estaremos à disposição.

Despedindo-se, a seguir, e foram dar uma volta de Kombi para conhecer a cidade, onde, olhando-se em toda a sua volta verifica-se que ela era cercada por colinas em toda a sua volta,situando-se, assim, a cidade na parte mais baixa da região. O que gera a inconveniência de que quando chove torrencialmente tende a alagar por tudo cujo escoamento de tubulação pluvial não vence as enxurradas.

Admiraram-se de que não tivessem escolhido uma das diversas colinas de redor para plantarem a cidade no alto.

Resolveram ir passear numa dessas colinas que tem acesso por uma das ruas que partem do centro. Maravilharam-se do imenso bosque repleto de frondosas árvores. Kátia não resistindo a tentação subiu agilmente numa das árvores com a habilidade dos símios, comportando-se como uma criança travessa.

Não obstante os protestos de Marcos temeroso de que ela pudesse cair e se machucar.

Kátia não só sorria mas gargalhava de tão feliz.

Decidiram adotar esse bosque para virem sempre ali fazer pique-niques. Era aí o paraíso da passarada que assobiavam as mais belas melodias que se pode ouvir.

Fizemos amizade com um casal bastante jovem ainda que residiam numa parte desse andar, bem próxima à nossa. Tinham eles um lindo bebê que, logo de início se afeiçoou com Kátia que adora criança. Gente muito humilde mas muito agradáveis. Muitas vezes nos harmonizávamos na comida e Kátia a ajudava na cozinha, assim como ajudava a cuidar do bebê enquanto essa sua amiga cuidava dos afazeres domésticos e da cozinha.

Nossa cozinha era formada por um pequeno fogão elétrico, algumas poucas panelas que Marcos trouxera de sua casa. Comprava-se os mantimentos só o estritamente necessário devido ao pouco dinheiro que Marcos ainda possuía.

Eis aí tantos episódios deleitantes do preludiar das peregrinações de Marcos e Kátia juntos a consolidar estas inenarráveis AVENTURAS DE UM ADVOGADO.

CAPÍTULO 13

O amigo Igor

Residia nessa cidade um velho amigo de Marcos, Igor, de descendência de russos, grandalhão, tipo atleta, cabeça raspada por que tinha pouco cabelo, eternamente sorridente, fazendo lembrar do conto de Vitor Hugo, *O Homem que ri*". Era um tipo meio bobalhão, advogado, formado em filosofia e diretor do colégio Estadual da cidade. Todo mundo o achava muito engraçado, vivia a brincar com todos, fazendo todos rirem com suas constantes piadas engraçadas. Sequer os alunos o levavam a sério, podendo se dizer que por essas razões mantinha uma moral abaixo da crítica. Mas era homem honesto, trabalhador, e fazia da advocacia um bico tendo banca das mais modestas.

Sua família residia na Capital e ele, sozinho como solteirão.

Quando residia em Curitiba, trabalhava em banco no departamento de cadastro, como Marcos, cuja atividade faz com que esse tipo de funcionários se encontrem quase diariamente, a trocarem informações de clientes. O mesmo tido ocorrido com o caso do amigo deputado que também era do cadastro de outro banco e tinha contatos constantes com Marcos. Sendo que o cadastro do banco de Marcos era um do mais respeitados nesses meios profissionais.

Apesar de Igor ser velho amigo de Marcos e ser ao mesmo tempo diretor do Colégio Estadual, nem por isso poderia convidar Marcos para lecionar inglês, de que sabia ser muito experiente nessa disciplina, tendo em conta sua delicadíssima situação marital. Porquanto para ser admitido faz-se imprescindível obter atestado de idoneidade moral assinado por três colegas professores. Ora, mormente em lugarejos pequenos como essa cidade, onde todo mundo conhece todo mundo, Marcos não iria implorar essas assinaturas, não obstante que mesmo naqueles tempos já medravam casais a viverem maritalmente sem serem casados. Assim como Marcos, se viesse a ser professor colegial seria vítima de chacotas de alunos por saberem que ele vivia em companhia de uma deusa com quem não era casado.

Assim, o plano inicial concebido por Marcos, de ser professor suplementarista como auxílioà sobrevivência, se frustrara logo de início.

Igor ensinou a Marcos e Kátia um lugar aprazível às margens do Rio Chopinzinho, generoso tributário do Rio Iguaçu, para onde iam em fins de semana fazer pique-niques, se divertir, inclusive nadar, eles dois, menos Kátia que não teria aprendido natação. Esta punha-se a lavar a Kombi e procurar mudas de samambáiasque abundavam nessa região. Um dia Marcos levou seu material de pintura e cinzelou uma tela até que apreciável do local.

Até para natação Igor era cômico e nadava uma modalidade que faz pequenos mergulhos repetidos, conseguindo velocidade apreciável, mas que aparentava ser cômico, a arrancar gargalhadas de Marcos e Kátia.

Marcos e Kátia preocupava-se com a situação marital de Igor, com a esposa a viver tão longe e que os obrigava a porem a escrita em dia cerca de só um vez por mês, quando Igor viajava para Curitiba. Igor tinha dois filhos menores, uma menina de dez anos, linda mas com bastante excesso de peso e o menino, de oito, com a cara escrita do pai, portanto com vocações igualmente cômicas, a sorrir, como o pai, constantemente.

A amizade com Igor registra mais um capítulo das AVENTURAS DE UM ADVOGADO.

CAPÍTULO 14

As falsas promessas do amigo deputado

Tão logo chegamos à cidade e nos instalamos, como dissemos, fomos visitar a amigo deputado que, desde o primeiro encontro em Curitiba, teria se colocado à disposição para ajudar Marcos em tudo o que fosse possível. O tempo ia se passando, entretanto, e nada da prometida ajuda, o que aliás é muito comum em políticos, de terem a natureza de prometedores com segunda intenções propendentes a angariar votos, mas raramente cumprem suas promessas. Jamais Marcos imaginaria que isso pudesse ocorrer, pois no início de uma banca advocatícia necessita de ajuda de todos. Quando muito enviava ao escritório clientes mendigos sem condições de pagar honorários. O retorno das pessoas e empresas que Marcos teria visitado não reagia de modo positivo e as necessidades como que aumentavam a cada dia que se passava, tendo passado longo período em que Marcos não conseguia dinheiro disponível para remeter à família em Curitiba, tendo obrigado a Miriam se socorrer com seus pais para não perecerem.

O que se registrou num período negro da vida de Marcos que punha-se apavorado e inapto para superar essa tão difícil situação financeira.

Ficando aqui registrados mais alguns percalços nas incríveis AVENTURAS DE UM ADVOGADO.

Capítulo 15

Defesa dativa de um caso de abigeato

Abigeato, na linguagem forense é furto ou roubo de gado e o agente chama-se abígeo.

Marcos resolveu visitar o fórum e ir, desde logo, se apresentando a quem fosse encontrando, serventuários, escrivães, oficiais de justiça e até o juiz. Quando este disse-lhe:

– Puxa que sorte, doutor, o senhor chegou em boa hora. Temos um caso de abigeato precisando de advogado dativo para defesa. A que Marcos colocou-se à disposição.

Cujos autos denunciava um indivíduo de outra localidade e que, de passagem pela cidade, não resistiu à tentação de furtar dois bois que pastavam desdenhosamente num pasto sem cercas. Tendo o abígeo se aproximado de um deles e visto que não se assustava. Munido, então de uma corda, que já a carregava para essa precípua finalidade, amarrou a corda num dos chifres e passou a rebocar o boi. Depois de alguns metros, viu que outro boi semelhante os acompanhava, fazendo o mesmo com este último, mas por ter uma só corda, amarrou no chifre deste último, a outra ponta da corda e passou a puxar os dois animais. Tratava-se de bois de canga, como se chamam aqueles que puxam carros de boi ou arados. São muito mansos no geral. Então, o abígeo colocando a corda presa no dedo polegar, erguida para o alto, prosseguiu puxando ambos animais, oferecendo deleite para quem o via realizando essa perícia. Dirigindo-se até o matadouro depois de ter recebido informações da sua direção. Chegando, tempos depois no matadouro para tentar vender os animais como se fossem de sua propriedade.

O encarregado, que conhecia até os animais e que até marcas ferradas tinha, sabia, de plano a quem pertenciam.

Depois de mandar o abígeo esperar um pouco, afastou-se para o interior do escritório e ligou para a polícia informando do ocorrido. Poucos minutos depois chegava a polícia, prendendo em flagrante o abígeo e o levando para a cadeia. Enquanto que o gerente mandou providenciar a presença do dono dos animais para vir buscá-los.

O processo contava com uma exagerada denúncia, o que é comum na maioria dos processos em que os promotores em geral tudo fazem para, não só acusar o criminoso, mas para exagerar o mais que podem para aumentar, se possível a pena a que deve se submeter. Assim acrescia as agravantes de ruptura de cerca e de furto noturno, já que a subtração ocorreu à noite.

Marcos examinando cuidadosamente os autos constatou que no flagrante não foi feito referência a arrombamento de certa. O que era verdade, pois sequer havia porteira onde estavam os animais. E, quanto a qualificadora de furto noturno, Marcos estudando a matéria no livro de Direito Penal de Magalhães Noronha, localizou e citou um acórdão que o doutrinador citou na obra, afirmando que, *"no campo, onde não tem ninguém em casa, não se cogita de furto noturno, já que não tem vítimas a ser ofendidas em decorrência do furto noturno. Sendo por isso improcedente a agravante...*" Concluindo que a subtração da res furtiva destinava-se a ser vendido e remetido o produto da venda para família que passava por necessidades. E que nesses casos, de imprescindível necessidade comprovada, o réu deve ser absolvido.

Embora o juiz não acatou a totalidade da defesa, pelos seus últimos argumentos,mas condenou o réu em apenas dois anos, ou seja, o dobro da pena mínima que é de um ano. Um a quatro anos. Ao que Marcos concordou e não apelou, mesmo porque, depois de o réu cumprir uma pequena parte em reclusão, alcançaria regime semi-aberto a seguir, por tratar-se de réu primário. Em cujo regime tem o dia livre para trabalhar e à noite dormir na Casa do Albergado, ou onde o juiz determinar se não houver essa instituição.

Dentre os argumentos de defesa de que se utilizou Marcos, alegou que o réu havia furtado apenas um boi, e que o segundo apenas os acompanhou espontaneamente sem que tivesse esse segundo sido furtado.

Em cujo debate oral o Promotor pedindo um aparte disse que o nobre defensor fazia-lhe lembrar um caso semelhante, cujo argumento do advogado de defesa foi o de que, seu constituinte nada havia furtado, mas apenas achara uma corda na estrada, sem reparar que na outra ponta dessa corda havia um boi amarrado.

Não obstante a seriedade dos debates em audiência, não foi possível impedir que todos dessem gostosas gargalhadas da pilhéria da acusação.

Essas ocorrências contribuem para enriquecer um pouco mais estas inenarráveis AVENTURAS DE UM ADVOGADO.

CAPÍTULO 16

Primeiros honorários generosos rende uma excursão

Marcos teria sido bem sucedido com uma cobrança de aparente insolvência de um cliente de outra cidade que tinha apreciável crédito contra a Prefeitura Municipal de sua cidade. Cujo cliente teria oferecido como pagamento de honorários à meia do que conseguisse cobrar. O valor era tão alto que, se cobrado, só a parte de honorários possibilitaria comprar um carro semi novo.

Marcos, tendo ido pessoalmente visitar o tal prefeito, dessas pessoas que não conseguem realizar nada sem pedir propina. Assim se comportou, indagando, logo de início, quanto levaria nisso. Marcos já estava autorizado verbalmente pelo cliente a oferecer até cerca de vinte por cento do valor da dívida. Assim o pagamento foi feito no ato, com a dedução da propina e Marcos fez os acertos com o cliente que o recebeu sorridentemente e lhe pagou o valor combinado na mesma hora.

Marcos dirigiu-se ao banco e fez remessa generosa a Miriam e decidiu fazer uma excursão às Cataratas do Iguaçu, que já conhecia mas para premiar Kátia com um dos mais lindos pontos turísticos nosso. Mas acrescia, nos planos de Marcos, comprar um estoque de uísque e da famosa cachaça paraguaia Aristocrata, com a primordial finalidade de fazer acertos com seus credores da cidade de Marechal Cândido Rondon aos quais teria ficado a dever, assim como a cobrir os cheque que teria ficado a dever ao Alemão pela retífica da Kombi.

Tudo acertado partiram ao clarear do dia, com Kátia ainda com sono, mas iria dormindo no confortável assento da Kombi. Como já dissemos, o trecho dessa rodovia que demanda até proximidades de Guarapuava, caracteriza-se por acentuada sinuosidade com numerosas curvas, algumas perigosas. Alguns momentos depois teria ocorrido fenômeno semelhante ao que ocorrera nas proximidades de Vila Velha. Ou seja, Kátia, que se deitara na poltrona ao lado de Marcos, acomodara sua cabeça no colo de Marcos e, com o roçar muito próximo da região inguinal foi provocando ereção progressiva em Marcos, até que, não mais podendo controlar, Marcos defletiu a Kombi na primeira clareira da estrada onde pudesse ocultar um pouco a Kombi, despertando Kátia para solucionar o problema. E a Kombi pôs-se a balançar novamente até solucionar o problema de ambos. Após o que resolveram atacar o generoso farnel que Kátia havia preparado no dia anterior. Ocasião em que Kátia se maravilhava com um bando de macacos que faziam algazarra próximo a eles, como que a elogiar o colóquio amoroso dos visitantes.

Prosseguiram, a seguir, muito felizes com tudo o que estava acontecendo, depois de um longo período de dificuldades gerais. As vistas maravilhosas da selva virgem fornece um lenitivo espiritual indefinível.

Não se vê quase nenhuma lavoura nessa região face ser pedregoso em geral, salvo pequenas pastagens, já que os pastos nascem até sobre pedras. Destacando, assim, nessa região, a pecuária de bovinos e suínos.

Quando menos se espera surge a rodovia principal que demanda a Foz do Iguaçu, para onde devem seguir. Em cuja rodovia surgem inúmeros e repetidas carretas a transportarem soja em direção ao Porto de Paranaguá. Marcos percebeu que deveria distanciar-se ao máximo desses gigantes da estrada que, o passar próximo da Kombi projetam jatos de vento que põe a balançar Kombi, devendo, por isso ao cruzar esses veículos e os furgões ou ônibus, distanciar o máximo possível deles que a pista permitir prevenindo para não precisar sair da pista involuntariamente. Marcos então põe-se a imaginar a fortuna que os produtores de soja grangeiam ao governo federal em matéria de divisas com as exportações a vários países estrangeiros. Sendo que até do Paraguai exportam soja servindo-se da passagem pela ponte divisória cujo governo liberou aos paraguaio como Porto Livre, já que esses irmãos castelhanos não têm outro acesso ao Oceano Atlântico.

De repente alcançam Cascavel, onde pararam num posto de gasolina para reabastecer a Kombi e os estômagos, bem como se higienizarem e descansar alguns minutos.

Prosseguindo, a seguir, Céu Azul, Medianeira e outras, cuja rodovia também costuma surpreender o motorista com curvas perigosas, onde ocorrem muitos acidente. Uma cruz aqui, outra acolá, de vítimas de desastres rodoviários. Até que, horas depois, chegariam em Foz do Iguaçu, cidade caracterizada por turismo, repleta de hotéis, muitos dos quais de luxo, onde agasalham turistas de vários rincões internacionais. Momentos depois localizam a placa *Cataratas do Iguaçu*, defletindo, então, à direita e depois de pagar modesta taxa de turismo prosseguem no pequeno trajeto de rodovia dos mais belos que já viram até hoje. Com amplas margens dos dois lados com tudo gramado e ornada de canteiros coloridos. Cuja selva virgem de árvores enormes dos dois lados da rodovia, cujas copadas acabam por se unirem no alto, sombreando tudo e onde os veículos, por assim dizer deslizam num autêntico túnel gigante vegetal. O rumor flagoroso das cataratas vai sendo ouvido com volume progressivo, como que a lembrar esquadrões de aviões de grande porte. Alguns minutos mais tarde surge a enorme clareira ao fim desse trecho, descortinando-se então enorme nuvem branca produzida pelas quedas de água que, explodindo estrepitosamente nas pedras abaixo, elevam-se em grandes massas a dezenas de metros, em forma de nuvens gigantes. Havia, naqueles tempos apenas um grande hotel, térreo, estilo colonial, repleto de hóspedes, a maioria estrangeiros de vários diferentes países. Onde se houve conversas nos mais variados idiomas que se possa imaginar.

Wonderfull, indeed! Grita eufórico um gigante loiro americano.

Realmente maravilhoso! Como também o disse Kátia, que nunca tinha ainda visitado esse local conhecido como uma das Sete Maravilhas do mundo. E Kátia punha-se a fotografar tudo o que visse pela frente, inclusive árabes que usavam turbantes e outros estrangeiros que pelas aparências mostravam serem diferentes em costumes e hábitos.

Descemos, depois, até uma passarela que passa na parte baixa da maior queda d´água pela qual Kátia seguiu na frente e Marcos a seguindo, tão maravilhados e distraídos que sequer viram uma seção onde alugam capas plásticas para protegerem da evaporação intensa que acabam por molhar totalmente as roupas. E, ao voltarem, as roupas de ambos estavam encharcadas e as de Kátia, como não podia ser diferente, coladas rigorosamente de modo a moldar seios e nádegas, o que passa a chamar a atenção dos marmanjões, pondo Kátia encabulada, mas Marcos achando graça e até eufórico por ser o único varão felizardo dono daquela corsa de curvas invejáveis. Dirigiram-se, então aos sanitários do hotel para trocarem de roupas. Depois lancharam na lanchonete do hotel e sem outra alternativa viraram-se para as cataratas e jogaram beijos de despedida.

    Dirigiram-se, depois ao trecho que demanda a Ponte da Amizade, em cuja cidade paraguáia, que naqueles tempos chamava-se Puerto Stroisner, nome do então Presidente desse país. Tiveram de atravessar à pé porque veículos afetados de alienação fiduciária são impedidos de passar para o Paraguai.

    Teriam comprado alguns souvenirs, mas uísque e caña Aristocrata, poderiam trazer poucas unidades de cada, conforme exigências previamente tabeladas. Mas foram informados numa loja do nomes de algumas pessoas que revendiam quantias maiores, em locais distantes da alfândega. E procuraram, então essas pessoas e compraram um caixa fechada de Aristocrata e meia dúzia de White Horse. Teriam de correr o risco de adiantar o dinheiro da compra a essas pessoas que atravessavam o rio de canoa para fazer as compras. Sem outra alternativa Marcos passou o dinheiro a um deles no qual tinha a impressão de poder confiar. E, efetivamente, cerca de meia hora depois retornava com a mercadoria. Já havia escurecido. E Marcos havia colocado as bebidas em baixo do assento da Kombi, funcionando, depois para afastar-se das proximidades da barranca do rio.

Em dado momento, quando estavam já afastando, viram passar por eles um grande fluxo luminoso de holofote da fiscalização da polícia federal, tendo provocado um calafrio em Marcos, que, teve ímpetos, até, de despojar-se das bebidas, jogando-as fora para evitar que fosse pilhado portando contrabando, embora em pequenas proporções. Mas Kátia, tendo atitude inteligente aconselhou que fosse se distanciando, tendo em vista que não pararam com o holofote em sua direção, apenas fazendo percorrer o jato luminoso em outras direções, principalmente em direção ao rio. Tendo Marcos acelerado o mais velozmente que foi possível à lerda viatura e, quando percebeu estava já longe, na rodovia. Embora preocupado de que pudesse deparar por alguma blitz da federal. Felizmente nada disso aconteceu e, quando menos se esperava estávamos já passando pela próxima cidade de retorno.

Algumas horas depois e estacionamos já em Cascavel para reabastecer a Kombi e os estômagos. Depois de alguns minutos de descanso rumamos para Marechal Cândido Rondon.

Kátia ficou escandalizada com a poeirama, pois quase só viajava em estradas asfaltadas. Algumas horas depois e chegamos, indo primeiramente ao posto para assoprar a poeira e a gente também.

Fizemos contato com o dono do posto e pagamos nossa pequena dívida com alguns litros de Aristocrata, o mesmo fazendo com o gaúcho do hotel e com o senhorio a quem ficou-se a dever alguns dias de aluguel. Que, como os outros credores, concordou em receber litros de Aristocrata. Todos eles apreciavam muito essa deliciosa caña paraguaia. Pernoitamos no hotel do gaúcho e saímos ao clarear do dia. Deixaria para lavarmos a Kombi quando chegasse em Cascavel, pois de nada adiantaria lavá-la ali e depois seguir viajando pela poeirama outra vez. Assim, pouco mais de duas horas depois e chegaríamos em Cascavel, indo direto ao posto para limpeza geral, quando aproveitamos para jogar uma aguada na Kombi. Continuamos, então a viagem rumo a Pato Branco. Lá chegando ao entardecer, já meio escuro, pois demandava algumas centenas de quilômetros. Marcos abriu um litro de Aristocrata e vez por outra tomava um gole, mas cuidando para não se exceder, pois tinha que dirigir sóbrio.

Trouxeram alguns litros de Aristócrata e outros de uísque para o estoque caseiro de Marcos e seus amigos íntimos.

Como vimos esse é mais um trecho das inéditas e pioneiras AVENTURAS DE UM ADVOGADO.

Capítulo 17

A concordata fatídica

Os dias foram passando, as semanas e os meses num mar de calmaria quase que sem ventos suficientes para enfunar as velas do barco de Marcos.

O amigo deputado que prometera apresentar Marcos a seus amigos e clientes no sentido de ficar desde logo conhecido por eles e assim poder angariar causas com maior facilidade, à vista do elevado prestígio que desfrutava e toda a região, manifestou-se arredio desde que tomou conhecimento da situação marital de Marcos com uma jovem muito mais nova do que ele, tendo sido informado ou imaginado que ele deveria ainda estar vivendo com a esposa deixada em Curitiba. Mas sequer sabendo que tendo vivido separado da mesma há longo tempo, sequer devia-lhe mais fidelidade conjugal. Ao passo que esse colega vivia com a esposa e família a freqüentar igreja e festas dos amigos, constando que fosse por demais fanático religioso e exageradamente moralista em casos de família, fugindo de contatar com Marcos, qual diabo que foge da cruz.

Razões porque, sequer deu o prazer de ir conhecer o escritório de Marcos, não obstante Marcos já tivesse visitado o seu. Marcos sequer importou-se com isso e até achava que ele tinha o direito de assim agir se fosse do seu entendimento. Lembrando-se, Marcos, que desde os quatorze anos quando deixou a casa paterna para sair a trabalhar e viver às suas próprias custas, nunca precisou do pai e de ninguém por ter personalidade de ser auto suficiente e de não necessitar do contato ou ajuda das pessoas senão quando as coisas acontecem num patamar de espontaneidade e mútua reciprocidade.

Marcos passou a ir recebendo, paulatinamente clientes, inclusive de outras cidades ou a receber causas de clientes locais a serem ajuizadas em outras comarcas próximas da região. E, para não deixar Kátia sozinha, a levava junto, não só como secretária, mas também para se divertir um pouco, passando ambos a conhecer algumas algumas cidades vizinhas.

Assim toda a cidade passou a saber ou calcular que Kátia não seria uma simples secretária, mas sua companheira com quem convivia maritalmente.

Um belo dia, quando Marcos estava no escritório entrou, muito à vontade um gaúcho grandão, robusto, brincalhão, tipo bonachão, de aparência elegante, falando desde logo que estava até as tampas de dívidas a agiotas diversos. Era ele proprietário de movimentadíssima churrascaria e hotel ao lado do terminal rodoviário da cidade.

E que já não via mais como pagar essas dívidas que, até os juros extorsivos já não conseguia mais pagar em dia.

O que acontece, entretanto, é que a cidade inteira sabia que ele se locomovia numa caminhonete C14, de lançamento recente e que tanto ele como um seu cunhado, irmão de sua mulher viviam para cá e para lá, só a encher os tanques de seus veículos como que a esgotar o estoque do posto, constantemente, e a elevar vultosamente a conta do posto de gasolina.

Faziam viagens constantes até Canoas, Rio Grande do Sul, de onde vieram. Levavam vidas das mais faustosas que se possa imaginar. Roupas de etiquetas das mais caras que existissem.

Enfim Marcos disse ao gaúcho que poderia requerer a ele uma concordata preventiva, via da qual poderia pagar seus credores com o prazo de dois anos, sendo dois quintos no primeiro ano e os remanescentes três quintos no segundo ano; sendo que a lei ainda lhe facultava pagar somente sessenta por cento de suas dívidas e que, assim, além dos credores perderem quarenta por cento de seus créditos ainda seriam obrigados a ir recebendo parceladamente durante dois anos. Mas para que não pudesse gerar revolta do credores, conviria oferecer para pagar a totalidade da dívida, invés de só sessenta por cento. Sendo que ainda os prazos e porcentagens autorizadas pela lei oscilariam progressivamente da seguinte maneira: 6, 12, 18 e 24 meses com as respectivas proporções de 60%, 75%, 85% e 100%, aplicando-se juros legais (6% ao ano) e correção monetária de acordo com os índices da época.

Tendo o cliente optado pelo menor prazo, ou seja, de seis meses, mas ainda assim proporia pagar 100% em lugar de só 60% que a lei lhe facultaria. Contratamos honorários e ele nos ofertou refeições pelo prazo de um ano, incluindo bebidas. Tendo Marcos engordado alguns quilos por passar a comer churrasco todos os dias. Assim ocorreu o mesmo com Kátia.

Mas precisaria se acautelar muito com os credores – advertiu Marcos ao cliente – porque, em lugares ermos como esse, alguns costumam fazer represálias e por em risco a vida do devedor. Tendo, assim, aconselhado que fosse passar uns tempos em Canoas-RS., até que tudo se acalmasse tempos depois do deferimento judicial da concordata.

Elaborada a concordata com a documentação necessária fornecida pelo contador da firma, e ajuizado, o deferimento foi obtido imediatamente, mormente que foi dado o imóvel da churrascaria como garantia hipotecária.

Marcos padeceu por alguns aborrecimentos de clientes perigosos que compareciam ao escritório para receber instruções do que deveria fazer. Ao que Marcos o orientava que deveriam constituir advogado para providenciar as habilitações de crédito. Sendo que um desses clientes foi o açougueiro do gaúcho que surgiu no escritório pergutando:

– *É o senhor que está pagando as dívidas do gaúcho?*

– *Não senhor!* Redarguiu Marcos – *É o juiz que manda o escrivão ir fazendo os pagamentos à medida que as parcelas vão sendo depositadas. Assim, o senhor precisa contatar um advogado para habilitar as promissórias no fórum.*

– *Contratar advogado? Veja bem, doutor. Comprei os bois e paguei à vista. Vendi carne fiado ao gaúcho recebendo letras em garantia. Ele tem de me pagar as letras e não vou perder tempo com advogado, juiz e ninguém mais.*

Se ele não me pagar, doutor, nunca mais vai fazer isso com ninguém. Porque morto não compra carne fiado e lugar de "calavera"(*) é no inferno. Diga isso a ele.

Quando o cliente retornou, dali a alguns dias, Marcos advertiu-o a pagar logo as promissórias do açougueiro porque aparentava ser um homem perigosíssimo e mesmo, porque, também não era tão grande o débito.

– Que nada. Ele é um bobão e não é de nada e não tenho medo dele. E, a seguir dirigiu-se ao açougue e passou a fazer chacotas, chamando-o de bobo, porque trocava carne

---

(*) "calavera" é termo muito usado pelos gaúchos com o significado de biltre, velhaco.

por promissórias e que ele iria pagar quando bem entendesse, porque ele não passava de um idiota, usando outros predicados humilhantes, porque tinha ele uma natureza de jocoso, gozador, ao ponto de irritar facilmente as pessoas.

E, assim, ele continuou irritando o açougueiro com muitas gozações humilhantes, até que, perdendo a paciência, aproximou-se dele dizendo

– *Tu é grandão, tchê, mas não é dois! Vá pro inferno!* E enterrou-lhe a adaga horrorosa afiadíssima no ventre, abrindo-o, e ele caiu prostrado ao solo com as vísceras expostas, fugindo a seguir.

Algumas pessoas nossas conhecidas que assistiu a cena veio imediatamente nos informar.

Ficamos chocadíssimos com o acontecido, então decidimos esquecer o restante dos honorários contratados que deveriam ainda ser pagos e decidimos ir embora desse lugar tão perigoso e, carregamos a mudança na Kombi o mais rápido possível, nos despedimos do senhorio sendo que o aluguel estava em dia saímos velozmente da cidade.

Entretanto ficamos muito tristes em precisar ir embora dali porque a banca já vinha prosperando a passos largos. Mas não tinha outro remédio mais recomendável do que o de ir embora, pois além desse açougueiro perigoso, outros credores poderiam voltar a aborrecer Marcos, como já teria ocorrido, e o que causa preocupação. Marcos já portava uma arma de fogo que carregava-a na cintura para o caso de precisar proteger-se. E, indo embora, não precisaria mais portar arma. Maringá estaria nos planos de Marcos, onde residiam seus pais e alguns irmãos.

– Adeus, Pato Branco! Adeus, Rio Chopinzinho em cujas águas nos refrescamos tantas vezes e nos divertimos nos seus bosques naturais! Adeus escritório do Bar Cantu! Nosso fiel confidente do nosso ninho afetivo onde tanto nos amamos durante tantos meses e que jamais olvidaremos! Dizia Marcos, com a garganta apertada, voz rouquicenta denunciando emoção e fazendo emocionar Kátia também que fez escorrer algumas lágrimas de seus lindos olhos.

E, ao passarem bem em frente à soberba catedral no centro com ampla praça agradavelmente ajardinada, repleta de margaridas de uma brancura brilhante, baloiçante ao enlevo da brisa constante, visitada sempre por bando de pássaros canoros a fazerem alarido encantador, Kátia, que foi batizada católica fez o sinal da cruz de respeito, de despedida e pedindo, também, bênçãos para a nossa viagem.

Episódios esses que nunca mais se apagaria da memória de Marcos e Kátia e que consistiria de uma das mais dramáticas cenas registradas nas incríveis AVENTURAS DE UM ADVOGADO.

CAPÍTULO 18

Rumando a Maringá

Cerca de uma hora de viagem já se ouvia o rumorejar das águas do Rio Iguaçu e, pouco antes de chegarem na ponte, lá estava a barraca dos índios que, conhecendo a nossa viatura vieram correndo nos acenando, tendo Kátia acenado com um lenço para eles. Só não paramos por estarmos com pressa e muito aborrecidos por estarmos indo embora. A seguir passamos sobre a longa ponte, tendo Kátia jogado beijinhos em direção ao obelisco de arrojado artesanato. O cheiro da água, das selvas e a melodia assobiada pelo pássaros ajudam a arrefecer os traumas sofridos por ambos viajantes, representando um lenitivo para suas almas.

Iniciando a subida da serra que exige marchas mais pesadas tendo em vista, também, o peso da biblioteca estimado nos arredores de uma tonelada.

Pinheiros são ainda abundantes e representam uma característica botânica dessa região. Um pequeno animal aqui, outro acolá, atravessam a estrada parecendo não se assustarem.

Mais algumas poucas horas e alcançamos a rodovia principal que demanda Foz do Iguaçu.

Adiantando os ponteiros do relógio chegamos em Maringá ao por do sol e fomos diretos à casa dos velhos pais de Marcos, donde Marcos havia saído do lar ainda adolescente para trabalhar de dia e estudar à noite com planos sólidos de tornar-se culto.

A chegada de Marcos representou uma festa para os pais, quando Marcos disse brincando para eles,

– Pois é, depois de tantos anos voltei a morar com vocês novamente.

Os velhos ficaram radiantes.

Marcos apresentou Kátia como se fora sua mera secretária, ao que ela franziu o sobrolho como quem não tivesse gostado muito da idéia, como que ofendida pelo modo com que Marcos disse sobre ela, já que ela esperava que a apresentasse como sua mulher. Apesar de que Marcos já havia advertido ela anteriormente, de que os velhos eram muito severos, que conheciam e apreciavam Miriam e ignoravam que Marcos já se separara dela há muito tempo. Assim se revelasse desde logo a real situação de Marcos com Kátia, muito provavelmente iriam ficar chocados. Eram muito religiosos e aversos a divórcios, separações e coisas semelhantes que já andava muito em voga em todos os lugares. E, se conhecido o relacionamento deles iriam considerar como pecaminoso. Assim Marcos entendeu que seria mais recomendável tratar o assunto inicialmente dessa maneira e, com o correr do tempo tudo se esclareceria com calma, sem provocar choques espirituais.

Mas essas atitudes tomadas por Marcos constituiu-se em magoar profundamente Kátia, que sentiu-se humilhada como não lhe ocorria há muito tempo na vida. Logo depois de quase um ano de convívio marital com Marcos. Assim, logo depois da apresentação dela aos velhos ela disse categoricamente a eles:

– Sim, apenas peguei carona com *Doutor Marcos* até aqui para seguir viagem de ônibus para Curitiba, onde voltarei a morar com minha irmã e sobrinhos e seguirei hoje mesmo.

Só então é que Marcos percebeu que ela estava profundamente magoada e a pensar:

"Uma mera secretária???!!! Depois de tantos meses de vida íntima, tanto romance vivido profundamente, como se fora casos passageiros que depois se bota fora como se nada fora?

Era isso que teria passado pela cabeça de Kátia, que considerava como que uma ingratidão, uma autêntica traição. Achando que não tinha sentido as atitudes de Marcos, não obstante ele procurasse se justificar a ela longe dos velhos. Que ela o perdoasse e não levasse a sério essas atitudes.

Mas não teve remédio e ela já foi pegando sua bagagem e até perguntando a eles onde se pegaria ônibus por ali para ir ao rodoviário.

Quando Marcos interveio e disse que a levaria ao ponto de ônibus, apanhando a bagagem e a levando para a Kombi. E quando já distantes viu que ela chorava convulsivamente, revelando-se intensamente indignada. Quando Marcos pediu alguma explicação ela limitou-se a responder:

– Preciso dizer mais alguma coisa, depois de tanto desaforo que me humilhou tanto?

E não parava de chorar convulsivamente.

Marcos estava desesperado, sem saber mais o que fazer.

Quando Kátia disse-lhe que há males que vêm para bem, pois eu me afastando de você crio uma situação de moralidade na tua vida para que você possa pegar aulas, ganhar mais como professor e poder estar enviando dinheiro para a família que tanto depende de você. Jamais imaginava que eu iria servir de estorvo para teus planos de ser professor. Com isso a vida agradável que passamos juntos ficará como coisa passageira que poderemos lembrar como uma temporada agradável como se fora um veraneio. E, caso você não tenha se aborrecido de mim poderá me visitar em casa da minha irmã, quando for a Curitiba visitar a família.

Mas Marcos se esforçava por demover essas atitudes exageradas porque não queria de maneira nenhuma se separar de Kátia que tanto a amava e já se habituara a viver ao seu lado.

– Talvez você tenha razão quanto a gente separar-se no sentido de facultar as exigências que a sociedade faz para se ser professor, principalmente em lugares interioranos onde todo mundo se conhece. E que os alunos não precisassem estar a fazer chacotas de um professor que vivia com uma amante.

– Mas pelo menos façamos uma burrada como essas sem brigarmos, pois nunca havíamos brigado durante todo o tempo que passamos juntos. Assim isso não justificaria que nos separássemos em situação de briguentos, revoltados um com o outro. Devemos, se for o caso de tanto sacrifício, pelo menos continuarmos com dois bons amigos que sempre fomos. Pois nem eu e nem você temos tendência para sermos um casal de briguentos como muitos que se vê em todo o lugar.

– Realmente, tem razão, concordou Kátia. Devemos nos separar num boa, sem ressentimentos. Até peço desculpas a você pelas minhas atitudes exageradas e até egoístas. E, assim falando abraçou Marcos calorosamente, beijando-o longamente e, pondo-se a chorar novamente, foi se aproximando do ônibus que já havia estacionado com o letreiro de MARINGÁ – CURITIBA. Partindo, finalmente, com o lenço aos olhos e abanando-o para despedir-se, mais uma vez de Marcos.

Registra-se aqui esse triste episódio nestas empolgantes AVENTURAS DE UM ADVOGADO.

Capítulo 19

Longo período de nostalgia

Kátia chorava copiosamente durante a viagem e sentia-se culpada por ter tomado atitude tão exagerada e egoísta de cobrar dessa maneira absurda de deixar Marcos e ir sozinha para Curitiba, como que para dar uma boa lição em Marcos. Estava muito magoada que até tinha ímpeto de mandar parar o ônibus e voltar para Maringá. Mas achava que isso não teria cabimento e deveria ter personalidade e não modificar seus planos, custasse o que custasse. E escorria-lhe rios de lágrimas a banhar o rosto e o lenço. Mas agora já era tarde e a besteira já estava feita, pensava.

Marcos, de sua vez, chorava copiosamente, desesperadamente, inconformado, não se convencendo que sua amada havia exagerado nessas atitudes extremas, incoerente, inaceitáveis.

— Isso haverá de passar logo, se Deus quiser, pensava Marcos. E esperava, mais tarde, quando fosse a Curitiba, convencê-la a voltar para vir viver com ele.

A mãe de Marcos via-o a chorar sempre e procurava consolá-lo sem saber do que se tratava e achava que era saudades das filhas então o aconselhava a ir a Curitiba para visitá-las. Sua mãe que era muito experiente da vida, desconfiava que era a ida de Kátia para Curitiba, mas não tinha coragem de falar disso com Marcos e preferia calar-se porque era muito discreta.

Antes de voltar para a casa dos pais Marcos decidiu rodar um pouco pelo centro da cidade à procura de uma sala para alugar e instalar o escritório, o que foi conseguido poucos momentos depois, num dos edifícios mais centrais da cidade, o Três Marias, no terceiro andar. Tendo mandado fazer uma placa grande e colocado numa posição bem alta que pudesse ser vista de longe.

Para onde passou a carregar sua biblioteca, tendo contratado alguns guris para ajudar na mudança. Depois disso Marcos fez um rolo com a Kombi num Volks branco em bom estado.

O velho pai de Marcos tinha por amigo um prefeito de uma cidade próxima, a quem foi cabo eleitoral dedicadíssimo tendo ajudado a angariar muitos eleitores; assim foram visitá-lo com a finalidade de ver se conseguia uma colocação para Marcos na Prefeitura, tendo chegado na hora oportuna pois ele estava já pensando em contratar um advogado para tentar cassar um vereador adversário que sequer residia nessa cidade. Tendo sido Marcos contratado na mesma hora e ainda agradecendo ao pai de Marcos por tê-lo encaminhado até ele.

Casos em que Marcos passou a enviar esse salário para Miriam.

Quanto a aulas essas surgiram inesperadamente antes que Marcos imaginasse. Acontece que Marcos sempre teve o hábito de expor na sala de espera os certificados de cursos especializados diversos que realizou durante alguns anos. E, o diretor da Faculdade de Direito, que tinha escritório no terceiro andar, costumava descer pela escadaria a título de exercício e passava bem em frente ao escritório de Marcos e, vendo os quadros de extensão cultural de Marcos deixou recado com a secretária para que Marcos o procurasse. É que ele andava a procura de um advogado culto para o substituir por uns tempos na faculdade na disciplina de Introdução à Ciência do Direito.

Assim, tão logo Marcos recebeu o recado o procurou. Além de titular dessa disciplina era ele o diretor da faculdade e havia sido convocado pelo recém eleito governador do Estado, para ajudar a compor seu secretariado. Era o governador originário de Maringá e daria preferência de escolher advogados de sua cidade para preencher o secretariado.

Desta maneira Marcos passou a lecionar essa disciplina e, com isso, aumentar seus rendimentos.

Marcos tinha o escritório muito próximo da escola de línguas Yázigi e um dia foi com o fim de auscultar a possibilidade de praticar conversação no idioma inglês, do que sentia falta, pois praticara esse idioma durante dezessete anos no Bank of London & South América Limited, onde foi funcionário dentre os anos de 1952 a 1969. Assim fez amizade com o diretor, com quem passou a dialogar com ele na fala dos britânicos, sendo certo que o sotaque assimilado por Marcos pendia mais para o britânico do que para o americano.

Depois das aulas tomavam sempre uns chopinhos na lanchonete do prédio da escola.

Um belo dia esse diretor dessa escola perguntou a Marcos se ele conhecia algum professor ou técnico em leitura dinâmica já que o Instituto de Idiomas Yázigi acrescia essa especialização dentre outras que estavam a pôr em prática a nível de aumento cultural dos alunos.

Marcos disse então que dentro de poucos minutos iria trazer o candidato procurado e indo até o escritório apanhou o certificado de Leitura Acelerada que tinha feito em 1967 em Curitiba como cursos de verão promovido pelo Centro Acadêmico da Universidade Federal, cujos resultados obtidos foram excelentes. E o mostrou ao diretor que ficou encantado com isso, perguntando se ele teria condições de dar o curso.

– Sim, dentro de umas duas semanas até preparar todo o material necessário que incluía projetor de slides, cerca de uma dúzia de livros para o exercício de leitura, e mais algum material técnico.

Tendo Marcos iniciado o curso, de dez aulas, dentro de poucos dias, tendo formado algumas turmas com o mais absoluto sucesso. Com o que obteve bons lucros dessa notável especialidade cultural que possibilitou a Marcos realizar leitura dinâmica para seu uso pessoal, tanto de leitura recreativa como profissional, sendo que Marcos adquiriu a capacidade de manusear um processo qualquer em fração de poucos segundos por mais volumoso que possa ser. Assim como na leitura de livros, mormente literários, que fez leitura com velocidade surpreendente.

Marcos tinha também uma irmã caçula que também residia em Maringá e tinha dois filhos que adoravam esse tio, sendo que eles muito distraíam Marcos quando este resolvia visitá-los.

Registrando-se aqui mais esses episódios empolgantes destas inolvidáveis AVENTURAS DE UM ADVOGADO.

CAPÍTULO 20

Embarcando em canoa furada outra vez

O prefeito que contratou Marcos, apelidado de Mineiro, tinha um apreciável rol de correligionários políticos de outras cidades tendo Marcos sido apresentado a vários deles. Assim, um desses amigos prefeitos que era do MDB – Movimento Democrático Brasileiro ou simplesmente Modebra, como falavam, e de cujo partido Mineiro pertencia também, fez um convite para Marcos de ir trabalhar na prefeitura de sua cidade onde poderia adquirir boa clientela e tratava-se de Água Boa, na verdade uma modestíssima cidade que praticamente tinha só uma rua, a principal, como ponto comercial, não passando de modesto subúrbio de cidade maior da Comarca.

O diretor da Faculdade, depois de alguns meses retornou da Capital e retomou sua cadeira de Introdução à Ciência do Direito e Marcos, assim teve de deixar as aulas da faculdade.

Como decorrência de ter perdido as aulas da faculdade, Marcos que ainda estaria na fase embrionária da banca, quase sem clientes ainda, ficou tentado a auscultar, pelo menos, a cidade onde o mencionado prefeito exercia o cargo do executivo.

Então Marcos se deslocou para a tal de Água Boa e sentiu-se decepcionado com a modéstia do porte dessa cidade. O prefeito ainda não tinha retornado e, como estava próximo do fim do ano, Marcos aproveitou para visitar o Colégio Estadual e se informar da existência da necessidade de professor, preferentemente de inglês. Quando foi informado que quem controlava isso era um médico, presidente da ARENA – Aliança Renovadora Nacional, logo, adversário do mencionado prefeito que não tinha voz ativa em controle de aulas para professores. Mas as notícias gerais dava como tudo lotado em matéria de professores e nada iria ser modificado para o ano seguinte.

Marcos então resolveu visitar a prefeitura antes mesmo da chegada do prefeito. Contatando com o secretário e dizendo-lhe da oferta que o prefeito lhe fizera, o secretário mostrou-se surpreso porque não tinha qualquer notícia de que o advogado já contratado a tantos anos tinha intenção de deixar o cargo. Tinha ele banca em Cianorte e visitava sempre a prefeitura e atendia o que fosse necessário.

Fazendo comentários sobre a pessoa do prefeito não faltaram comentários da leviandade da pessoa desse político que prometia tudo a todo mundo mas que não cumpria com nada. Marcos acabara de perceber que havia embarcado em canoa furada outra vez.

Ficando aqui registrado mais outra das arrojadas AVENTURAS DE UM ADVOGADO.

Capítulo 21

Aventuras em Peabiru

Depois das decepções experimentadas em Água Boa, Marcos decidiu percorrer outras cidades próximas, visitando, inclusive colegas aqui e acolá, até que numa dessas cidades, a pequena Peabiru, Marcos estacionou em frente a um vistoso e bem montado escritório de advocacia onde foi recebido calorosamente por um colega de banca sólida e que advogava para várias prefeituras da região.

– Puxa, colega! Foi Deus que o mandou aqui. Pois eu estava a procura de um colega advogado como quem procura agulha em palheiro. É que estou de casamento marcado para dentro de poucos dias em outra cidade, e precisarei viajar em lua de mel por alguns dias. Então terei que confiar a banca para você que já percebi ser experiente.

E proponho pagar no mínimo cinco salários, salvo se enquanto isso for recebido honorários que então será feita a dedução desses cinco salários. Além de participação nas causas que entrarem no escritório durante esse tempo.

– Que me diz? Fica bem assim? E posso adiantar algum dinheiro se for necessário.

– Sim estou de acordo – acrescentou Marcos. Aceitarei um pequeno adiantamento de um salário mínimo para remeter à família em Curitiba.

O que foi feito na mesma hora. A seguir Marcos foi apresentado num hotel próximo dali, informando ao hoteleiro que Marcos ficaria hospedado ali por conta do escritório. Pernoite e refeições.

E, no dia seguinte o advogado despediu-se de Marcos depois de lhe entregar uma pilha de processos diversos para "falar neles", como se diz em advocacia, ou seja peticionar requerendo o que fosse necessário, fazer defesas diversas, etc. o que representava ter serviço para vários dias, a manter Marcos bastante ocupado. Tendo Marcos sido apresentado à secretária a quem recomendou toda atenção necessária para o bom andamento dos serviços.

Poucos dias depois e Marcos tinha já posto em dia todo o serviço que dependesse dele, tendo feito tudo com esmero e dedicação.

Marcos sentia-se feliz e achava que foi Deus que o dirigiu ao escritório do Dr. Luciano, que era seu nome.

Antes de partir Luciano entregou-lhe as chaves de uma casa de uma cliente do escritório a quem administrava seus bens. Que era viúva e tinha viajado em férias de longos meses em outro Estado. A casa era, inclusive, toda mobiliada, embora modestamente, mas com tudo o que se precisa para se viver em casa. E que, se preferisse, poderia ocupar a casa até a dona voltar.

Marcos, na verdade pernoitou no hotel só o primeiro dia que chegou, passando, depois a morar nessa casa. inclusive a cozer, pois não se dava muito bem com comida de hotel, sendo Marcos exímio culinário. Fazia limpeza e lavava e passava suas roupas. E procurava fazer tudo com rapidez para dar conta de tudo. Levantava muito antes do nascer do sol e punha-se a fazer tudo o que fosse necessário, como fazem as donas de casa. E sentia muita falta de Kátia, não só como companheira, namorada, mas também para os serviços caseiros. Então resolveu escrever-lhe uma longa carta.

Peabiru, 10.12.1971

Querida Kátia

    Peço a Deus que tudo venha correndo bem com você, que não esteja te faltando nada de necessário para sobrevivência, porque isso não pode acontecer com uma criatura maravilhosa e piedosa como você. Que merece ter tudo quanto deseja.

    Sinto tanta falta de você, querida, que você não faz a menor idéia. Vou fazer força de ir a Curitiba dentro de poucos dias, tão cedo quanto esteja de volta o colega dono do escritório onde estou trabalhando e que ele foi viajar para se casar e me contratou para ficar cuidando de seu escritório. É um cara muito legal, especializado em assessoria de prefeituras, sendo advogado de várias delas.

    Estou morando numa casa, sozinho, das que ele administra e cuja dona está viajando para fora do país. Faço tudo sozinho, comida, lavo roupa, faço limpeza, etc. É que não gosto muito de comida de restaurante e a gente fazendo comida, come quilo que apetece e não o que o outros querem que a gente coma. Não é mesmo?

    As coisas por aqui vão indo até que bem, embora provisoriamente, porque acho que ficarei aqui só por uns tempos até o Dr. Luciano retornar da lua de mel. Por isso ainda não está na hora de eu ir buscar você, se é que não se aborreceu da minha pessoa.

    O problema maior é a gente dormir sozinho como solteirão, o que não é mole mesmo.

    Mas o que fazer? Não tem outro remédio do que a gente ir se conformando até que as coisas se consolidem.

Tenho muita coisa ainda que te contar mas o farei em outras cartas; por enquanto vou ficando por aqui enviando muitos beijos e abraços apertados.

Teu inesquecível

Marcos que te adora

Anotem mais essas agradáveis AVENTURAS DE UM ADVOGADO.

Capítulo 22

Duelo a revólver em Mato Grosso do Sul

Numa certa manhã quando Marcos batia papo com a secretária aportou no escritório um rapaz com trajes de vaqueiro perguntando pelo Doutor Luciano.

— Está viajando em lua de mel pelos arredores de Maringá e deve demorar ainda alguns dias. Mas me deixou encarregado de atender os clientes em tudo o que fosse preciso.

— Posso saber o que o senhor desejaria com ele?

— Me chamam de Baiano. Muito prazer, estendendo a mão a Marcos.

— Sente-se e fique à vontade enquanto a secretária nos providencia dois cafezinhos.

Baiano sentiu-se à vontade e foi relatando tudo o que aconteceu no Mato Grosso do Sul.

— Fomos comprá boi em Fátima do Sul, eu e outro colega. Quando a gente estava sentado num bar tomando cerveja, uma garçonete muito sirigaita começou a dar bola pra nóis dois e a preguntá donde a gente era e tudo mais.

Perto de nós estavam outros dois rapazes olhando meio torto pra gente, parecendo que um deles estava com ciúme e olhava com cara feia.

– Eu até já estava pensando de ir embora dali para evitar algum entrevero com o tais rapazes. Mas antes que isso acontecesse um deles levantou-se da cadeira, empurrando a cadeira com o pé, fazendo já estardalhaço e já foi pondo a mão na cintura. Só que eu fui mais ligeiro, saquei a já fui atirando. Meu colega fez a mesma coisa, pois a gente não é quarqué micharia. O colega dele, também puxou o revólver, mas quando viu que seu colega já tinha caído com os tiros que nóis demos, saiu correndo com o revolver na mão.

– Vamos embora daqui, disse ao meu colega e saímos correndo em direção aos nossos carros e cada um entrou em seu carro para ir embora antes que a polícia chegasse.

– Eu saí desembestado na estrada que passa por Anaurilândia e vem pro Paraná, sendo que tem muita pedreira e lá pelas tantas bati numa pedra meio grande que acabou estragando a caixa de direção e mal deu para chegá em Anaurilândia. Parei numa oficina e mandei o mecânico ver se podia consertá o defeito. A gente não conseguia mais trocá macha. Mandei consertá que depois voltaria buscá o carro e pagá o conserto. Então peguei um táxi e rumamo pro Paraná. Já estava perto da ponte do rio que divisa com o Paraná.

Quando vinha vindo um carro em nossa direção, desci e dei sinar com a mão e ele parou. Então perguntei se tinha polícia na barsa. Respondeu que sim. Então paguei a corrida e fiquei parado um pouco até que resolvi prosseguir à pé pelo mato, pois se encontrasse com a polícia e eles soubesse da estória iriam me prender.

Antes de pegar o táxi passei numa farmácia e tomei uma injeção de penicilina mentindo que tinha pegado doença de muié. É que levei um tiro no braço e a bala está aqui dentro – mostrando no deltóide.

Tive de travessá o rio nadando e continuar andando pelo mato, – Puxa, que baiano macho, pensou Marcos – até que cheguei numa estrada e consegui pegá carona num caminhão e chegá em casa. Depois vou no médico pra tirá a bala.

– E o que acha que podemos fazer?

– Ora, dotô. Só um dóceis que consegue buscá o carro sem sê preso. O carro é um Corcel especial GVT semi novo que vale um bom dinheiro. Pago bem.

– Se você quiser me confiar o serviço eu me encarrego de ir buscar seu carro. Cobro vinte por cento de honorários do valor do carro e mais as despesas de viagem. E vocês ou me levam ou me emprestam um carro porque o meu é meio velho para viajar longe assim.

– Só que nóis não tem outro carro. O senhor tem que ir com o seu. Nóis paga a despesas e manda fazê revisão quando vortá.

E já meteu a mão no bolso e tirou um montão de dinheiro e colocou em cima da mesa, que correspondia mais ou menos a metade do valor que deveria ser cobrado.

– Quando o dotô vortá nóis paga o resto e ainda dá uma groja.

Baiano comprava boi para seu patrão, um pecuarista renomado da região e que sabia tudo o que acontecera.

Marcos examinou os documentos do Corcel e viu que o recibo estava em branco ainda e programou para colocar o nome do pecuarista patrão do Baiano, o que foi feito e apanhou uma procuração do pecuarista, como se o carro lhe pertencesse.

Munido de tudo Marcos partiu imediatamente via Presidente Prudente para chegar primeiro em Dourados e tratar o assunto antes com o Delegado Regional. Onde foi muito bem recebido e, contando tudo o que aconteceu essa autoridade não criou qualquer objeção e já telefonou, ali mesmo, para o Delegado de Fátima, autorizando-lhe que mandasse entregar o carro a Marcos.

Quando Marcos chegou na delegacia em Fátima o delegado já o esperava e fez uma intimação ao seu preposto de Anaurilândia mandando que fosse entregue o veículo a Marcos sob recibo. Felizmente não pediu propina, que em casos como esses é de costume.

Chegando em Anaurilândia e obtendo a liberação do veículo, fretou um caminhão de uma firma que se encarregou de o levar até Paranavaí na concessionária da Ford. Sendo que Marcos foi seguindo, não sem deixar de ficar um pouco preocupado com a sorte do veículo, pois não conhecia o motorista do caminhão nem seu dono. Marcos tinha de correr o mais que o Volks permitisse para não se distanciar muito do caminhão. Sendo que essa estrada era arenosa e tinha que ter o cuidado de não encalhar na areia, como costuma acontecer com carros pequenos. Pois se isso acontecesse seria o caos pois não podia contar com ninguém senão as selvas para socorrê-lo. Felizmente correu tudo bem e, poucas horas depois e lá estava o caminhão à espera, na entrada da cidade, pois sequer sabia onde era a concessionária Ford. Seguiram para lá depois de Marcos ter sido informado.

Marcos pagou o frete e a seguir telefonou para o cliente chamando-o para entregar-lhe o carro. Sendo que Marcos ouviu o gritos de hurra! que deram na mesma hora. Cerca de duas horas depois chegavam na concessionária, Baiano e seu patrão, felicíssimos porque além do defeito do câmbio o carro estava intacto.

Pagaram o restante dos honorários, além da tal "groja" que foi deveras generosa. Sendo que Marcos foi ao banco fazer um generoso depósito para Miriam, nessa cidade mesmo.

Retornando, a seguir, para Peabiru. Onde já encontrara o Dr. Luciano já de volta, contando-lhe detalhadamente tudo o que aconteceu. Recebendo elogios e dizendo a seguir.

– Ainda bem que você resolveu esse gravíssimo problema, pois se fosse comigo eu não poderia ter ido face as obrigações excessivas de que me encarrego. E assim você colaborou para manter elevado a moral do escritório.

O Dr. Luciano conhecia os planos de Marcos de dar aulas em colégios estaduais. Assim pegou o telefone e ligou para o secretário da Prefeitura de Iporã, cidade próxima de Umuarama, auscultando da possibilidade de colocar Marcos como professor, o que foi conseguido na mesma hora, pois estava mesmo faltando professor de inglês e já estava próximo do início do ano letivo.

Tendo Dr. Marcos falado o seguinte, se fosse possível gostaria de me associar com um colega tão eficiente, mas a nossa banca é modesta e só comporta mesmo um, nessa área especializada de assessoria municipal, obrigando a gente a estar viajando sempre nas cidades da redondeza onde assessoramos. E, essa região de Iporã vem prosperando muito e as possibilidades de êxito a curso prazo são muito maiores do que o colega ficar por aqui.

Pode ficar com a totalidade dos honorários recebidos do Baiano, que, no caso cobre de sobejo o que eu deveria pagar como foi contratado.

Tendo, então, Marcos se despedido desse prestigioso colega, que, inclusive revelou-se generoso com Marcos, partindo então Marcos, rumo a Iporã.

Registrando-se mais o autêntico espetáculo relatado por Baiano que revelou-se um homem valente e corajoso, oferecendo material digno de fazer um filme de far west, enriquecendo, assim generosamente estas inenarráveis AVENTURAS DE UM ADVOGADO.

Capítulo 23

A aconchegante Iporã

Adiantando um pouco o relógio do tempo deparamos Marcos já chegando na cidade de Iporã, logo depois de ter passado por Umuarama, sede importante dessa micro região progressista do sudoeste do Estado. Tendo, desde logo, procurado a Inspetoria Regional de ensino onde procurar o endereço do diretor do Colégio Estadual, para cuja residência se encaminhou em seguida. Era uma senhora muito atraente nascida nas Minas Gerais. Tendo Marcos sido muito bem recebido e, efetivamente, chegando em bom tempo e sem concorrentes à disciplina de inglês, tendo grangeado ótimo número de aulas, muito embora algumas delas a serem lecionada num colégio suburbano, no lugar denominado Francisco Alves cujo nome homenageava um dos mais afamados cantores nacionais. Distante apenas de cerca de uns dez quilômetros dali. Daria algumas aulas também ao segundo grau ao pessoal de contabilidade. Marcos sentia-se exultante, pois demorou tanto tempo para que conseguisse um número elevado de aulas o que representava um bom rendimento mensal destinado a manter a família bem assistida.

Somente depois de decidido esse problema primordial é que Marcos se decidiu a procurar hospedagem. Indicaram o hotel do italiano, como era apelidado esse descendente de pais italianos. Realmente tinha ele sotaque bem acentuado de napolitano. Tipo grandalhão e com vocação de muito recepcionista. Era pai de duas regassas molto belas, ambas dotadas de generosos seios, o que caracteriza bem a descendência feminina dessa gente. Foram também aconchegantes para com Marcos. Tendo, só então, Marcos tomado uma demorada ducha e se deitado muito cansado.

Saindo, algumas horas depois para dar uma volta pela cidade que era dessas meio espalhadas com quarteirões intermitentes um com casas, outros sem nada. Tendo ao centro uma ampla praça onde edificaram um aconchegante clube de campo, com cancha de bolão e tudo o mais e onde as pessoas viviam a jogar cartas e pingue-pongue. Era amplo o salão de festas onde as pessoas se reuniam para distrações.

Nesse fim de semana, no domingo, dali a dois dias, haveria uma festa do santo padroeiro do lugar tendo a participação de centena de pessoas, deixando a impressão de tratar-se de toda a população da cidade. Havia várias mesas de sinuca e amplo bar. Além de baile. Estava presente a diretora do colégio ao lado do Prefeito e respectivas famílias, tendo Marcos sido apresentado a todos eles, incluindo delegado e tabelião. O que o deixou muito feliz em conhecer, praticamente a nata da sociedade.

O que havia de sabor de comicidade era a presença de um padre, trajado com roupas normais, e a tomar cerveja numa dessas canecas grandes com emblema da festa incrustado, a falar alto e muito alegre, parecendo já estar meio tonto de tanto beber. Tendo Marcos depois sabido que ele estava somente de passagem, recém chegado do Rio Grande do Sul. É que havia, tempos antes, engravidado uma jovem da cidade e para evitar maiores escândalos o transferiram para o sul e o substitituiram por outro mais jovem.

Havia nessa aconchegante cidade uma apreciável plêiade de pessoas que se caracterizavam como brincalhonas dentre as quais se destacavam com um hábito por demais cômico, que consistia em se furtar cabritos uns dos outros e os levar ao italiano do hotel que era exímio em preparar assado esses animais. Depois de pronto chamava o pessoal do grupo para o devido repasto e, depois de saborear o animal era revelado o nome da vítima que era o dono do animal, assim como autor da subtração, o que resultava nas maiores gargalhadas e aplausos.

Um belo dia estacionou um caminhão com mudança bem em frente ao hotel do Italiano que, para a surpresa deste, havia amarrado no topo da carga, por uma corda, um magnífico exemplar de raça árabe, desses enormes. O motorista descera para almoçar no hotel do Italiano. O Italiano, vendo o belo animal sobre a carga, ficou simplesmente desesperado e imaginando o que poderia ser feito para o habitual rapto. Então encaminhou o motorista para uma das mesas mais do fundo, mais distante das janelas, de modos a dificultar de estar vendo o caminhão. Chamou ambas belas filhas para atenderem o motorista da melhor maneira possível. E já determinou a uma delas que enchesse uma jarra de vinho dos melhores dos garrafões em uso. E orientou a elas que o distraíssem da melhor maneira possível, explicando nos ouvidos delas, de suas intenções. Lembrando-se, a seguir de um amigo que se apelidava de "*advogato*", como assim procurava tratar seus colegas, entendendo que a arrebatadora maioria merece esse batismo por questões óbvias. Então ligou a ele, contando-lhe da maravilhosa ocorrência e o orientando a vir, com seu jipe, do outro lado do caminhão que não pudesse ser visto por quem está no restaurante. E, que se possível trouxesse uma pequena escada que talvez podia ser necessária, tendo em vista a altura em que estava amarrada a presa. Ligou o som com bastante volume para distrair o motorista e desviar de poder desconfiar do plano.

Minutos depois o *advogato* já tinha alcançado a corda, cortado-a com uma faca afiada, puxando em seguida a presa e zarpando dali imediatamente, sem que ninguém tivesse, por sorte, visto tanta perícia. Italiano que de vez em quando voltava os olhos para aquele lado viu tudo e exultou de felicidade.

– Mas esse advogato é mesmo um demônio!

Terminando o almoço o motorista pagou e Italiano seguiu com ele dando-lhe tapinhas pelas costas e procurando desviá-lo sempre para seu lado para evitar que ele olhasse para a direção onde deveria estar o cabrito.

A dizer-lhe: – e não se esqueça, sempre que passar por aqui, nos procure sempre que estamos à sua disposição, até que ele abriu a porta e entrou, sem sequer olhar para o lado da mudança, tendo o Italiano conseguido distraí-lo magistralmente. Retornando exultante, esfregando as mãos feliz com o sucesso do rapto incrível do caprino. Que, pouco depois seria sacrificado e festejado com a turma toda. Seria aquela festa!

Marcos visitou um amplo escritório de contabilidade – que costuma ser boa fonte de serviços de advocacia – de propriedade dum mineiro muito agradável que se encantou com Marcos, adiantando logo ele que vinha cursando direito numa faculdade de Piracicaba, Estado de São Paulo, onde faziam curso desses onde ao acadêmicos assistem aulas durante uma semana por mês.

Assim, mineiro que tinha ampla freguesia e que levava sempre serviços de advocacia, passou a ser um pequeno sócio de Marcos, com quem dividia os honorários grangeados das causas.

Tendo Marcos alugado ampla sala de escritório bem em frente ao prédio do cinema e de amplo bar que tinha salão de bolão, para onde acorriam algumas pessoas importantes que foram se tornando amigas de Marcos. Ao lado do escritório havia uma ampla empresa funerária cujo dono prometeu que iria procurar angariar inventários dos parentes das pessoas que passariam para a vida futura onde consta que se vive na paz do Senhor.

Mas Marcos preferia adotar a filosofia de um irlandês, tio de Miriam, irmão de seu sogro que consta que, quando era vivo e falavam desse assunto e lhe faziam perguntas relativas à vida futura, dizem que ele respondia categoricamente:

– Aqui eu saber; lá eu não saber"

Alguns dias depois apareceu no escritório uma adolescente da faixa dos quatorze anos contando uma estória meio complicada de que teria fugido de casa há algum tempo e estava morando com uma tia, irmã de sua mãe. Era dessas criaturas com acentuada vocação de rebeldia dizendo que teria fugido da escola onde estudava, como semi-interna administrado por determinada irmandade religiosa e que as freiras eram muito severas e não deixavam as alunas saírem a passeio, nos bailes, festas, aniversários e nada mais. Imagine você que absurdo tratar assim as alunas com tamanho rigor. Ora, pra gente que não tem vocação pra freira isso não tem sentido, por isso fui embora de lá por minha conta mesmo.

Era dotada de um corpo já bastante desenvolvido, busto avantajado, pernas para ninguém botar defeito e até que não era feia mas nem tão bonita. Muito faladeira, cáspite! E, como sabia que tinha seios bonitos adotava a política dos comerciantes americanos que afirmam que "a propaganda é a alma do negócio" e, assim, só usava blusas dotadas de generosos decotes desses cujos seios ficam quase totalmente expostos, o que a tornava irresistivelmente provocante. Mas que o homens precavidos sabiam que seus meros quatorze anos fazem lembrar a presença do promotor público e da cadeia, não obstante ainda não existisse o Estatuto de Criança e do Adolescente.

Marcos achou que devia convidá-la para trabalhar como secretária, não obstante sua presença representava uma tentação constante e, embora não estivesse em condições de pagar salário generoso, tendo ela aceito na mesma hora. Assim, também, Marcos teria com quem conversar e não passar longas horas a sós.

Sua estada na cidade, entretanto não durou mais do que uma semana porque acabou se apaixonando por um rapaz, vendedor ambulante que a levou embora, sem perder oportunidade. Nunca mais tendo tido notícias da mesma.

Marcos alugou também uma pequena casa por aluguel bem modesto, onde se instalou e, com freqüência fazia sua própria comida desde que as refeições de restaurantes acabam por enjoar e, em casa a gente escolhe os pratos que deseja comer e não aquilo que os outros querem que a gente coma. Além do que Marcos não tinha natureza de guloso e, com isso fazia muito economia.

Um dia apareceu no escritório uma jovem que trabalhava de enfermeira num hospital da cidade e vinha consultar sobre direito de visitação de filho menor deixado com o pai em outra cidade. De cujo pai teria se separado há algum tempo. Informando, aborrecida que a sogra tinha o péssimo hábito de procurar impedir as visitas da dela ao menino, o que muito a aborrecia.

— Ora essa, disse Marcos basta pedir ao juiz regulamentação de visita e pronto. Você terá direito, inclusive de ter o menino em fins de semana, em semanas intermitentes, ou seja, uma sim, outra não.

– Mas como é que vou pagar o doutor, se ganho um ninharia?

– Ora, daremos um jeito nisso nos hospedando juntos de vez em quando. Concorda? Ela, fingindo estar encabulada mas acenou a cabeça sinal afirmativo. Combinando que ela o avisaria por telefone quando saísse do serviço. Desde que tinha aparência bastante convidativa, bonitona, de cerca de vinte e cinco anos, busto, nádegas, pernas, tudo bastante elogiável. Deixando Marcos exultante. E, embora devesse fidelidade a Kátia, mas não podia deixar de procurar resolver o problema sexual que se revela imprescindível inclusive a homens sadios como Marcos.

Assim, Marcos dispensou a secretária um pouco mais cedo para sentir-se mais à vontade para a realização desse delicioso plano. E, pouco depois das seis da tarde soou a companhia do telefone. Era ela que avisava que podia ir buscá-la. A casa onde Marcos morava era situada longe de vizinhos o que cumpria a necessidade de discreção nesses assuntos. E, assim, Marcos e ela conseguiram pôr em dia a escrita de contabilidade atrasada. O que passou a acontecer periodicamente, solucionado, assim, um problema gravíssimo que causa muita perturbação espiritual ao homem quando não solucionado.

Marcos então munindo-se de uma procuração e certidão de nascimento do menino e uma declaração de pobreza, protocolizou pedido de regulamentação de visitas a ela, tendo solucionado o problema depois de alguns dias.

Marina, como era seu nome, passou a ajudar Marcos nos serviços caseiros, inclusive lavando e passando roupa, recebendo, em reciprocidade, alimentos que Marcos providenciava em casa.

Temporada essa aprazível na vida de Marcos, que, infelizmente durou pouco tempo porque, se de um lado ela mudou-se para outra cidade, a Marcos também aconteceria o mesmo, como se falará no capítulo seguinte.

Fazendo, assim, pequena parte das incríveis AVENTURAS DE UM ADVOGADO.

Capítulo 24

Bom de júri, tchê!

Existia nessa aprazível cidade um colega advogado que chamava a atenção do demais colegas e da população por razões diversas de que falaremos. Era ele de descendência, alemã por nacionalidade, semítica por religião embora não praticasse o judaísmo e gaúcho por naturalidade, criminalista por vocação profissional usufruindo a fama de não perder júris, geralmente absolvendo a maioria dos homicidas que defendia. Era ele muito conservado não aparentando a real idade que já era relativamente avançada. Dizendo-se que não envelhecia com facilidade por ser conservado em álcool, como se fora uma vasilha desse líquido que nunca se esvaziava.

E era nesse estado que fazia os júris, por vezes até a cambalear vez por outra na banca da defesa. Fazendo a oratória muitas vezes com a língua engrolada, servindo-se da técnica de atacar Promotor sem o menor pudor, criticando acerbamente os exageros que, via de regra, de que se servem a maioria dos promotores na busca de exagerar nos pedidos de condenação excessiva. Vez por outra, o promotor não resistindo a tanto ataque retirava-se do recinto para o interior do fórum. Vencia a maioria dos júris com absolvição e depois partia por todos os lugares pavoneando seu sucesso a todo mundo. Razão porque nutria má presença entre o colegas advogados e os serventuários forense. Teria sido esse o advogado mais papudo que Marcos teria conhecido em toda a sua vida. Dotado de uma arrogância incomparável e abusava dos direitos que o estatuto confere como prerrogativa de poder entrar em qualquer recinto sem pedir licença e, assim, era sem o mínimo de pudor que penetrava no interior dos recintos dos cartórios forenses quando queria policiar seus processos. Não se comportando como os demais colegas educados que tinham a educação de aguardar a vez de chegada para ser atendido. O mesmo fazendo no gabinetes do juízes e promotores, entrando sem sequer pedir licença, muito embora o Estatuto da Ordem do Advogados confira essa prerrogativa ao advogado quando em serviço. Mas, via de regra a maioria dos advogados não exageram fazendo uso desses direitos e procuram contatar com juízes depois de anunciar sua presença.

Certo dia, entretanto, ou melhor, noite, decidiu comemorar o sucesso de um júri que venceu, no antro da mulherada que exerce a profissão mais antiga que se conhece no mundo. E, assim, depois de ter esgotado os estoques de bebidas do estabelecimento,

De repente levantou-se, sacou do revólver e passou a dispará-lo a esmo sem sequer olhar em que direção, se existia ou não gente nessas direções. Não tendo acertado em ninguém porque, antes que ele começasse a atirar e proferindo palavrões horrorosos, todo mundo espirrou velozmente do salão, muitos com a mesma velocidade das balas a zunir do revólver.

Alguns policiais acorreram atraído pelo barulhão dos tiros e um dos PMs teve o cuidado de ir contando: um, dois, três, quatro, cinco, seis.

– Pronto descarregou o revólver e então o agarraram, valentemente, o algemaram e o levaram para a cadeia. Tendo o delegado, que o conhecia, escrito num papel, com letras garrafais *"PRISÃO ESPECIAL"*.

No dia seguinte, acordou refeito do tremendo pileque da noite anterior e mandou o carcereiro chamar o delegado, a quem se dirigiu dizendo:

– Como ousas prender um advogado, tchê?

Ao que ele redargüiu:

– Engano de sua parte, doutor. Não prendemos nenhum advogado ontem à noite e sim um baderneiro que sacando do revolver foi atirando em todas as direções. Tanto assim que o senhor esta liberado e pode ir embora, já que não está mais embriagado e nem pondo em risco a vida de ninguém. E aqui está seu revólver que, como pode ver, com todas as cápsulas deflagradas. E, pela consideração que nutrimos ao senhor pela sua utilidade como criminalista de júris, sequer vamos indiciá-lo por deflagrações perigosas.

Somando-se mais essa façanha dos relatos inéditos das AVENTURAS DE UM ADVOGADO.

Capítulo 25

Professor de francês em Alto Piquiri

Numa bela tarde de verão com o sol endereçando-se para o poente e a projetar raios avermelhados a entrecortar nuvens brancas, surgem repentinamente no escritórios duas damas elegantes, e, para incrível surpresa de Marcos, Miriam, sua esposa era uma delas. Na verdade, entretanto, Miriam o cumprimentou friamente como se fazem a estranhos.

Marcos admirou-se da sua presença sem qualquer prévio aviso, e até desconfiou que ela teria vindo a pedir arrego – como dizem vulgarmente para se retroceder – de reatarem relações. Mas não era nada disso. Vinha apresentar-lhe essa importante senhora, primeira dama de Alto Piquiri, distante de uns trinta quilômetros dali.

Miriam que vinha cursando faculdade de psicologia em Curitiba, vinha conduzindo uma turma de universitários ao afamado Projeto Rondon, quando universitários viajam em outras cidades fazendo pesquisas diversas cada um dentro da sua área. E, como Miriam era mais idosa dentre eles foi nomeada chefe da turma. E, como Alto Piquiri estava agendada na programação, foram instalados provisoriamente em dependências da Escola Normal, cuja diretora era a esposa do prefeito. Acontecendo que um casal de professores da disciplina de francês que haviam concluído o curso resolveram mudar-se dali para outra cidade, deixando acéfalos dessa disciplina cerca de quatrocentos alunos, ou seja, cinco turmas matinais e outras cinco noturnas, sob o risco de perderam o ano se não localizassem logo professor dessa matéria.

Assim, indagando de Miriam sobre professores de francês, ela informou-lhe que perto dali, em Iporã, estava morando seu ex-marido que era versadíssimo nesse idioma e que falava quase que fluentemente, tendo praticado a língua com uma ex-colega de serviço que havia vindo da França para o Brasil. Tendo tido um ano inteiro de francês no segundo grau e ainda assistido aulas na Aliança Francesa em Curitiba, o qual tinha vocação para poliglota, falando várias línguas estrangeiras. Tendo, então, ido ambas à procura de Marcos.

Tão logo foi apresentada a Marcos ela expôs rapidamente o problema gravíssimo pelo qual vinham passando, esperando poder contar com sua ajuda.

Marcos, num rápido relance percebeu que estava numa posição de superioridade de modos poder fazer exigências vantajosas.

– Veja bem, minha senhora, embora eu fique também preocupado com os alunos e com a administração do colégio, mas, além dos proventos de professor que mando para casa, para a família, dependo do que ganho como advogado para a minha sobrevivência. E, se me mudasse para a sua cidade perderia essa renda que já vem sendo suficiente para a minha manutenção. Assim, só poderia aceitar se seu marido, como prefeito me admitisse no departamento jurídico para superar essa renda indispensável. No mínimo pelos vencimentos de dez salários mínimos mensais.

– Não resta a menor dúvida, acho justo a exigência e que faremos isso ao senhor, pode ter certeza. Garantiu a nobre senhora.

Marcos, então tirando o telefone do gancho o entregou a ela e solicitou que confirmasse isso com seu marido. O que foi feito na mesma hora e aprovado imediatamente.

– Diga, inclusive ao prefeito para mandar uma camionete ou caminhão da prefeitura para vir buscar as minhas coisas. Pois do contrário terei que pagar caro por um frete nessa distância. O que foi providenciado imediatamente.

A seguir seguiram junto à Inspetoria Regional de Ensino, comunicando a necessidade de transferência urgente de Marcos, mesmo porque havia muitos candidatos, atualmente, de inglês que poderiam preencher as aulas de Marcos.

As senhoras podem voltar e estarem seguras de que me mudarei tão cedo quando chegue a viatura que vem buscar minhas coisas. Assim a senhora providenciará para que enviem logo o veículo.

Com menos de duas horas chegou um caminhão basculante e três funcionário para ajudarem na mudança e, poucas horas depois e Marcos já estava descarregando tudo numa pequena casa do prefeito que estava vaga. Colocando o escritório provisoriamente em casa mesmo.

E, do dia seguinte em diante Marcos já iniciou dando aulas aos alunos, e como sempre, Marcos sempre esforçou-se por ser carismático com seus alunos. Procurando ensinar a todos um pouco de vocabulário de rotina, bom jour, bom soir, comam sa vá, comam sapele vous? etc., e a maioria aprendia realmente, porque Marcos lecionava também com o coração, devotadamente, tendo sempre tido êxito como professor de línguas.

Nas reuniões com presença dos professores Marcos nunca tinha reclamações a fazer, o que punha o diretor e os colegas surpresos. É que Marcos sempre teve em cada aluno um amigo e procurava manter com eles um elevado nível de amizade, antes de mais nada. Ao passo que admirava-se o número elevado de reclamações dos professores, mormente quanto a alunos problemáticos que existem em todos os lugares. Mas Marcos sempre achou muito mais problemáticos do que o alunos rebeldes são alguns professores despreparados para lidarem com crianças e adolescentes. Marcos sempre procurou lavar a roupa suja em casa como se costuma dizer, tudo fazendo para não levar problemas ao diretor.

Marcos, aproveitando suas viagens a Curitiba, foi até a Aliança Francesa e conseguiu alguns posters lindo da França, Torre Eifel, Arco do Triunfo, castelos medievais famosos, alguns livretos de divertidos de narrações deleitantes que a esposa do Cônsul Francês, sua ex-professora possuía do governo da França para difusão turística. Carreando, assim, apreciável manancial para melhor ilustrar a difusão da cultura francesaaos alunos, obtendo, com isso sucesso impressionante no sentido convencer o alunos de que estavam a aprender um dos idiomas mais delicados do mundo e que durante muitos anos fazia parte imprescindível de uma boa cultura geral.

No período da tarde, além do preparo das aulas, Marcos atendia a raras causas que patrocinava, havendo o inconveniente de que essa cidade não era ainda de Comarca, mas só município, sendo Umuarama a sede da Comarca, o que demandava, vez por outra ter que se dirigir ao fórum dessa cidade para essa precípua finalidade.

Os sucessos obtidos nessa cidade, inclusive no magistério passarão a fazer parte das AVENTURAS DE UM ADVOGADO.

Capítulo 26

A fúria do furacão

Certo dia, pelas seis horas da tarde, logo após banhar-se e estando ainda de roupão de banho Marcos pôs-se a beberricar uns goles do afamado Conhaque de Alcatrão São João da Barra, com as desculpas de quem estava com a garganta irritada, e um pouco rouco. Em dado momento começou ouvindo ao longe um zumbido estranho, volumoso que se aproximava velozmente com aumento vertiginoso de seu volume. Passando-se, a se ouvir, em seguida e simultaneamente um barulhão complexo tais como telhas caindo ao solo e se espatifando, galhos de árvore a se partir fazendo ruído característico, estrondos diversos de coisas se chocando umas nas outras, e se aproximando cada vez mais ruidosamente, tendo-se a impressão que seria o fim do mundo, tão decantado pelos fanáticos religiosos.

Uma árvore do fundo do quintal da casa de Marcos caiu ruidosamente, momento em que Marcos só então percebeu que a cidade estava sendo vitimada por um violento furacão, que Marcos nunca tinha visto antes em toda a sua vida.

A casa em que morava Marcos era pequena e Marcos entendia ser frágil para escorar tamanha força bruta da natureza que punha a balançar-se, parecendo que poderia ruir a qualquer momento.

O Volks de Marcos estava em frente a casa e Marcos imaginava a possibilidade de entrar nele e o estacionar no Prédio da Prefeitura que, pelo menos era sólido e de alvenaria. Mas demoveu dessa idéia, calculando que a velocidade desse vendaval que tinha a potência de derrubar árvores, poderia, com maior facilidade, carregar Marcos antes que ele entrasse no Volks. Mas que, se conseguisse entrar e funcioná-lo poderia ser arrastado como acontecia com coisas muito mais pesadas do que um mero fusquinha.

E, como a casa não tinha há forro, Marcos calculou a possibilidade de o vento remover telhas e, algumas delas poder cair em cima dele e o ferir. Então teve a idéia de postar-se sob os batentes ou guarnições que se colocam em volta das portas. Casos em que não deixavam de representar alguma proteção no entendimento de Marcos. E, quando percebia que ela balançava um pouco Marcos temia que pudesse cair e matá-lo, passando, a pensar no desastre que isso seria para a família que ficaria desamparada, nem seguro de vida Marcos tinha. Mas no que pensou em fazer se escapasse dessa. Além de que não vinha contribuindo para a Previdência Social para que a família viesse a ser pensionada.

Nesses momentos, a criatura humana que passa a se sentir como um mero verme humano, impotente como um grão de areia, lembra-se que teria tido um Criador e, embora Marcos não freqüentava igrejas há muito tempo, mas que teve uma sólida e longa educação religiosa ao ponto de conhecer alguns Salmos de de Davi, o 24, o 91 e outros, então lembra-se, nessas horas de angústia e de desespero de dirigir-se ao Criador, pedindo-lhe proteção; ao mesmo tempo que, como ainda estava segurando o litro de Conhaque ao João da Barra, passando a tomar goles maiores e mais repetidamente, enquanto declamava os versículos desses salmos que ainda lembrava:

"O senhor é me pastor e nada me faltará - e tomava mais um gole...

Deitar-me faz em verdes pastos - e outro gole...

Guia-me mansamente por águas tranqüilas - e virava o litro na boca outra vez...

Depois misturava, nos momentos de nervosismo, com o outro salmo:

"Aquele que habita no esconderijo do altíssimo

À sombra do Onipotente descansará e outra beiçada no gargalo do litro...

Direi do Senhor, Ele é meu refúgio, minha fortaleza

E Nele confiarei ... e, virando, a seguir o litro que tanto conforto espiritual parecia proporcionar

E, quando arrematou, talvez por não lembrar de todo o conteúdo dos salmos,

E, habitarei na casa do Senhor por longos dias..."

O zumbido foi abaixando, mas ouvia-se que ele prosseguia quebrando tudo por onde passava, mas mais longe dali. Então Marcos tomou mais um gole e ajoelhou-se, como fazia há muitos anos antes, dirigindo-se a Deus com a maior humildade, agradecendo por nada lhe ter acontecido:

"Poderoso Pai, Criador do Universo, nosso Criador.

É com a maior humildade que me dirijo a ti

Agradecendo porque nada de mal me aconteceu

E que, com isso, poderei continuar a sustentar a

Família enquanto dependerem de mim.

Em nome de Jesus.
Amém."

Amanhecendo o dia Marcos saiu para fora de casa para ver os estragos feitos pelo furacão. Na maioria dos telhados as telhas foram jogadas longe restando o madeiramento sem telhas. Árvores arrancadas inteiras e jogadas longe, bloqueando as ruas. Carros virados com os pneus para cima. Árvores caídas em cima de carros. Felizmente nada aconteceu com o Fusca, embora algumas telhas tivessem caído sobre ele. Muitas árvores de Santa Bárbara arrancadas e jogadas longe, ainda mais que suas raízes são poucas e fracas.

As coberturas de alumínio de uma garagem enorme que agasalhava vários ônibus estavam amolgadas, amassadas, retorcidas como se o furacão estivesse com ódio do dono da empresa. A cobertura de um posto de gasolina foi arrancada e jogada longe, centenas de metros de distância.

Uma casa grande de madeira da zona do meretrício foi totalmente arrancada e retirada de onde fora construída, em horário que tinha casais praticando sexo e que tiveram de fugir sem roupas, apavorados, como se tivessem sendo punidos como pecadores. Verdadeira catástrofe semelhante aos terremotos.

Ver tais coisas na televisão não é tão impressionante, mas vistas onde aconteceu esse fenômeno horroroso e muito chocante e indescritível, cujas visões jamais serão apagadas de memória de Marcos e ficarão registradas nestas inacreditáveis e inenarráveis AVENTURAS DE UM ADVOGADO.

CAPÍTULO 27

A Cachoeira dos Apertados

Marcos tinha um aluno cujo pai era dono de uma fazenda situada numa das margens do caudaloso Rio Piquiri, cerca de uns dez quilômetros da cidade, onde saía a passear e pescar em alguns domingos. O local era conhecido como Cachoeira do Apertados, que tratava de um trecho de declínio acentuado e onde o rio estreitava acentuadamente, formando uma correnteza impetuosa a projetar jatos de água altos e muitos para fora das margens, formando um rumorejar de ser ouvido a grandes distâncias. Era por isso conhecida como Cachoeira dos Apertados. Marcos apreciava pescar nesse local, apesar de não ser assim tão piscoso. Mas vez por outra pedia a um rapaz que trabalhava nessa fazenda e que tinha grande destreza para lançar tarrafa no rio e conseguir capturar sempre algum pescado.

Num dia desses passeios, ao por do Sol, Marcos olhava na direção de onde vinha o rio e onde havia dois grandes morros próximos um do outro e que por coincidência o sol estava se escondendo bem no centro desses dois penedos, pela metade do globo solar, a projetar enormes fachos rubrocarmesins em direção às nuvens e a refletir toda essa imensa projeção de raios nas águas do rio, tudo tremeluzindo pelas ondulações violentas das águas, dando a nítida impressão de que o rio estava incandescendo.Era um espetáculo gigantesco e impressionante que enfeitiçava a quem estava olhando tudo aquilo.

Pois bem contam as mais incríveis lendas dessa fazenda que, há muitos anos passados quando ainda não eram ainda bem definidas as propriedades dessa região, predominavam o que chamavam de posses e, assim, quem ali vivesse era considerado posseiro, com o sentido de dono. Mas ocorriam muitos casos de invasão de posse, quando os mais fortes matavam os posseiros donos e assumiam a titularidade da posse. Diziam, "quem pode mais chora menos" e praticamente não havia proteção policial nesses lugares onde se dizia "onde a lei não chegou".

Essas terras dessa fazenda eram muito cobiçadas em razão da sua fertilidade e beleza do lugar. Então contavam lendas de que quando acontecia invasões ocorriam os mais inusitados combates com troca de tiros entre posseiros e invasores e, quem vencia é que era dono. Se a vitória coubesse aos donos, esses prosseguiam como donos já eram. Se a sorte favorecesse os invasores, estes é que assumiam e passavam a novos donos. Dizem que os que morriam eram jogados no rio para rodarem violentamente rio baixo. No rio também lavavam facões ensangüentados, foices, machados e roupas também ensangüentadas, ajudando a avermelhar as águas nas margens do pobre rio que, nada tendo a ver com as intrigas dos homens se obrigava a sofrer a poluição do sangue desses pecadores.

Ora, o espetáculo que agora se via, rubro carmesim dava a impressão de estar o rio sujo de sangue dos guerreiros. Dizem que tem dias que se ouvem gemidos da almas dos que morreram nesse local e que sem poderem ter sido benzidos depois da morte, agora gemem por falta de benzimento. Constando que muita gente piedosa acende velas como devoção a essas almas penitentes.

Muita gente evita de passar por aí à noite porque disse que ouvem gemidos dos penitentes. E o próprio pirangueiro que lança tarrafa para nós, diz que não tem coragem de ir pescar aí à noite.

Numa noite que pernoitaram à beira do rio, de sábado para domingo, ouviram rumor de passos lentos que se aproximavam e alguns se amedrontaram e imaginaram que fossem almas do outro mundo. Quando Marcos engatilhou a bereta que costumava carregar indagando quem que estava se aproximando, e, acendendo um farolete que possuía, foi possível divisar meio perto um boi velho que se aproximava da margem para mitigar a sede. Então foram aquelas gargalhadas em geral.

Dizem também que essa cachoeira é também chamada por outros nomes como Cachoeira das Almas Perdidas, Cachoeira do Mortos, e outros parecidos.

Inscrevendo-se mais essas lendas incríveis no rol das AVENTURAS DE UM ADVOGADO.

CAPÍTULO 28

Vida nova em Assis Chateubriand

Aproximavam-se as eleições para o cargo de prefeito municipal quando viria disputar a vaga um prestigioso personagem pecuarista de descendência italiana que já havia sido prefeito tempos antes como membro do partido da ARENA – Aliança Renovadora Nacional. Ao passo que não existia no município outro candidato com tamanho prestígio como o desse italiano. Sem melhor alternativa o prefeito e o partido, MDB – Movimento Democrático Brasileiro não tiveram outra alternativa senão a de indicar o nome do então de seu chefe de gabinete, que, além de pouco prestígio popular ainda padecia de viver mais embriagado do que sóbrio.

Enfim, adiantando os ponteiros do relógio o italiano venceu facilmente as eleições, pois o povo o conhecia como muito atuante e bom administrador como aconteceu anteriormente na sua gestão.

O que se constituiria no caos para Marcos que, se perdesse o cargo para um filho do italiano que também era advogado, o mesmo ocorreria com as aulas, quando o prefeito é que determina ao diretor dos colégios a quem nomear

151

para professores e distribuir aulas. Que embora consistisse de uma praxe ilegal, mas era um hábito na maior parte das cidades interioranas.

Assim, antes mesmo do desfecho funesto da perda das aulas e do cargo do jurídico, Marcos dirigiu-se para uma cidade próxima de cerca de apenas uns cinqüenta quilômetros que vinha prosperando assustadoramente e contatou, desde logo, o diretor do colégio que prometeu um bom número de aulas, tanto de francês como de inglês, embora um pouco menor do que as que lecionava em Alto Piquiri, mas que dava para ir remediando. Acontece que Marcos tinha, já, ajuizado algumas ações no fórum dessa cidade, angariadas por intervenção de seu amigo contador de Iporã. O qual, aliás havia já aconselhado a Marcos para mudar-se para essa cidade que era a mais próspera de toda essa região.

E, assim, Marcos, tão logo terminaram as provas, para não prejudicar tantos alunos, mudou-se novamente para a próspera Assis Chateubriand.

Tendo alugado uma ampla sala no melhor edifício aí existente, com três pavimentos, situando a sala no primeiro andar. E já possuía uma divisória com a primeira da entrada, menor, para sala de espera. E redividindo a interna, uma para gabinete e outra para quarto. As refeições seriam tomadas no refeitório do hotel no andar térreo.

Marcos foi desde logo visitar o delegado, apresentando-se, tendo sido muito bem recebido. Tratava-se de um homem muito prático nesse mister e já foi falando logo a Marcos que quando fizesse prisão, já mandaria chamá-lo e já fixava os honorários de acordo com as posses do preso e, facilitaria a liberação sem precisar habeas corpus, mas tudo "no racha".

E cerca de uma vez por semana isso passou a acontecer e, quando fosse o caso de precisar instaurar inquérito o delegado já advertia o preso que, independentemente do honorários pagos para liberação, o advogado cobraria outros para a defesa no fórum. Casos em que não deveria mais participação de honorários ao delegado. E, dái foram se enfileirando as ações criminais, furtos, lesões, calúnia, etc.

O movimento do escritório começou logo nos primeiros dias, com o aparecimento de clientes locais e de várias outras cidades vizinhas. Prevendo, Marcos, prosperidade a curto prazo, graças a Deus.

O tempo foi passando e Marcos progredindo e, cada dia que se passava a situação financeira melhorava, então Marcos aproveitou e comprou um lote num loteamento pouco retirado do centro, onde pretendia construir uma casa e, nela morar com Kátia.

Mais um episódio de sucesso a ser acrescido nestas AVENTURAS DE UM ADVOGADO.

CAPÍTULO 29

O desquite de Marcos com Miriam
e o noivado das duas filhas de ambos

Corria o ano de 1973 e, um belo dia, quando Marcos sequer esperava, a secretária de Marcos anunciou a presença de Miriam e suas duas filhas. Enquanto Miriam cumprimentou friamente Marcos, as filhas o abraçaram e o beijaram carinhosamente. E Miriam, sem perda de tempo foi logo falando a que finalidade teria vindo.

Havia sido aprovada num concurso promovido pelo Banestado da Capital, mas somente nomeavam mulheres solteiras ou desquitadas. Assim havia necessidade de ajuizar o desquite para poder ser nomeada e, então passaria a receber um salário até que condigno. Pelo que não mais necessitaria de ajuda financeira para si, apenas para as filhas até quando casassem, pois estavam ambas noivas, prestes a se casarem.

Então Marcos se sentou à escrivaninha e foi desde logo redigindo a petição, incluindo partilha de bens, casos em que Marcos arrolou a totalidade da fazenda que haviam herdado do finado sogro com doação da meação pela sogra com reserva de usufruto. E, relacionando para a sua parte três terrenos que possuíam, um numa colônia de férias do Marumbi, outro na praia da Armação, SC. e outro numa Praia de Guaratuba. Sendo enorme o valor maior da meação dela do que a dele. Miriam lendo a partilha indagou surpresa se ele não queria possuir ma parte da fazenda deixada pelos sogros.

– Como a nossa vida juntos não deu mais certo, disse Marcos, acho justo deixar a fazenda só para você, mesmo porque você poderá dar participação futura de parte desse capital para as filhas. Quanto aos lotes de terreno que fui adquirindo ao longo dos anos e alguns recebidos como honorários, me satisfazem e acho que você precisará desse capital da fazenda muito mais do que eu.

Partiram a seguir para Curitiba e Marcos protocolizou a petição para ter prosseguimento tempos depois. Ficando solucionados vários problemas familiares a um só tempo.

Essas ocorrências não deixam de merecer alguma admiração como fazendo parte do cabedal das AVENTURAS DE UM ADVOGADO.

CAPÍTULO 30

O feliz reencontro com Kátia

Deixando Miriam e as filhas em casa, Marcos dirigiu-se ávido ao reencontro com Kátia. Chegando em casa de sua irmã os sobrinhos informaram que ela tinha ido à igreja com a mãe. Então um deles foi chamá-la. Foi aquele encontro delicioso que deixou ambos felizes. Kátia não estava aborrecida como Marcos imaginava, depois da uma separação de cerca de dois anos.

Então Marcos contou-lhe tudo e a convidou para voltar a morar com ele, perguntando-lhe:

– Topa voltar comigo? Não está aborrecida da minha pessoa.

– Repito o que te disse da primeira vez, que, com você vou até para o inferno.

E agarrando-o num bem apertado abraço e beijo insaciável, esfregando-se nele, finalmente puxando-o para seu quarto, sem se preocupar com a presença dos sobrinhos e fizeram muito, muito amor até se saciarem.

Então Marcos foi com ela no mercado e trouxeram misturas, fizeram comida, tomaram refeição e Marcos mandou que ela fosse aprontando as malas novamente.

Minutos depois partiam, felizes, para Assis Chateubriand para viverem juntos o resto de seus dias.

Marcos deu, então início à casa de moradia no terreno que já havia comprado. Contratando três pedreiros para apressarem a construção, sendo que Marcos e Kátia ajudavam na construção, sendo que a parte elétrica e hidráulica foi feita integralmente por Marcos. Aos domingos, quando os pedreiros descansavam, Marcos ocupava seu lugares e Kátia fazia argamassa enquanto Marcos assentava tijolos. Fizeram, primeiramente um pequeno galpão nos fundos para agasalhar material de construção e que serviria futuramente para lavanderia e cozinha caipira, onde depois foi feito um fogão de lenha.

Marcos fez com suas próprias mãos, na sala, uma lareira para aquecimento no inverno. Foi revestida com pequenas lajes que eram trazidas de uma pedreira de Campo Largo e que, continham, acreditem se quiserem, algumas minúsculas pepitas de ouro, o que deu o que falar, ficando famosa a lareira com incrustações dessas minúsculas pepitas de ouro.

O piso da sala foi revestido com madeira de lei de cor amarelo escuro e polimento de cera.

A necessidade de economizar ao máximo para não faltar recursos na compra de material de construção resultou que não tinham ainda comprado móveis e, assim, Marcos fez, como artesanato um sofá meio amalucado para a sala, revestindo-o com pano de cor bordô que ficou até que apresentável. Quanto à televisão, por hora era colocada sobre a lareira, enquanto não comprariam um raque adequado.

Quanto à geladeira, Marcos fez um rolo com um amigo, permutando um toca-fitas marca Mitsubichi que era por demais cobiçado pelo mencionado amigo, cliente, um engenheiro grego – do qual falaremos mais em outro capítulo – do carro que havia adquirido recentemente, um Karman Ghia TC novo – exatamente igual ao que ao era possuído pelo Dr. Luciano de Peabiru – recebendo em troco uma geladeira usada, General Eletric em perfeito estado.

Não tinham cama de casal, apenas um colchão confeccionado pelo casal com espuma de nylon comprada numa loja especializada que Kátia revestiu com lindo tecido, tendo Marcos artesanado uma cama rústica até um dia para ser substituída por uma comprada.

Mas com tudo isso era um do casais mais felizes do mundo, a quem, o que faltava em casa sobejava em felicidade.

Dois meses depois de iniciada a construção e entrávamos na casa embora faltando ainda algum acabamento.

Nos fundos do amplo terreno Kátia semeou variadas sementeiras de hortaliça, numa terra avermelhada e muito fértil e, pouco tempo depois colhia-se verduras diversas, precisando até doar aos vizinhos o excesso das colheitas para não desperdiçar.

Marcos teria já plantado mudas de grama francesa na frente e ao lado da casa, de tal modo que, quando entraram na casa estava já tudo revestido de lindos tapetes de grama, tendo na frente ornado o jardim com alguns canteiros floridos em cores diversas. Plantara também, Marcos, na calçada – que ainda não era pavimentada, algumas mudas de Flamboyam que, a estas alturas já estavam formadas árvores de portes suficiente para formar sombra para agasalhar carros que ai estacionassem.

Tornou-se, assim, um autêntico cartão postal a chamar a atenção da vizinhança e, quando a prefeitura lançou uma campanha de arborização na cidade a de Marcos foi premiada em primeiro lugar.

Anotando-se aqui mais alguns episódios deleitantes das inenarráveis AVENTURAS DE UM ADVOGADO.

Capítulo 31

Descoberta de um parente genial

Logo aos primeiros dias da chegada de Marcos à cidade, conheceu a afamada Saunas Lanchonete, ponto de encontro de muita gente importante da cidade onde Marcos passou a freqüentar, também, pois possibilitava o relacionamento com essa mencionada gente. Apresentou-se a um gordão que possuía retífica de veículos e, como sabia o sobrenome de Marcos indagou se ele era de Piraju, Estado de São Paulo. Tendo Marcos respondido afirmativamente. Dizendo, então que ele teria sido noivo de uma sua prima há muitos anos passados.

Acrescentando, a seguir, que seu sócio deveria ser seu parente cujo sobrenome da mãe do mesmo coincidia com o dele.

Lá foram ambos conhecer Pedro, cujos pais já falecidos, a mãe tinha sobrenome igual ao de Marcos. Passando, desse dia em diante a se tratarem por primos, com visitas caseiras recíprocas constantes. Tendo ele se separado há alguns anos da esposa, elegeu por companheira uma linda gaúcha que teria desfilado as passarelas das misses de outra cidade. De onde teriam saído meio corridos cujos irmãos eram valentes e enciumados dessa irmã que ainda não tinha conhecido homens e Pedro foi o primeiro felizardo nesse pormenor.

Também, Pedro era alto, forte, com qualidades de poder ser galã artista de cinema; desses muito cobiçados por mulheres. Usufruindo da fama de ser generosamente dotado sexualmente. E não perdia chances de correr atrás delas. Um galanteador incorrigível. Trajava-se pelas mais caras etiquetas, sempre com invejável elegância. Embora tivesse algum estoque de material de veículos estocados na oficina do gordalhão, Manecão, como o chamavam, mercadorias essas remanescentes da firma que possuía na cidade de onde veio, andava meio falido, inclusive a residir, provisoriamente numa casa que alugou num BNH da cidade próxima, Cascavel.

Mas essa situação modesta não demorou muito porque ele alugou uma área contígua ao terminal rodoviário e instalou aí um moderníssimo lava-jato, para o que encomendou de São Paulo uma dessas máquinas de percorre o veículo jogando jatos de água para o lavar, depois esparge ar para secagem e, a seguir um jato de cera líquida para polimento que é complementado depois com fricções para o brilho final de acabamento. Passando a formar filas para lavagem de veículos, cujo movimento foi crescendo assustadoramente.

Alguns meses depois um gaúcho fazendeiro, pondo olho gordo nessa máquina de fazer dinheiro fez uma oferta tentadora a Pedro para comprar o lava-jato, que, não resistindo à tentação acabou por vendê-lo ao candidato. Além de uma pequena fortuna em dinheiro Pedro recebeu no rolo uma máquina de esteira e alguns carros, prosseguindo, então somente numa loja de compra e venda de lubrificantes que vinha já funcionando há algum tempo.

Era, indiscutivelmente uma pessoa arrojada como negociante, a comprar mercadorias em proporções impressionantes, muito embora depois dilatasse os prazos de pagamento das obrigações com tempo suficiente para vender toda a mercadoria e solver os compromissos com o próprio capital dos fornecedores, sem sequer precisar tirar dinheiro específico de seus bolsos para negociar. Era igualmente rolista com os bancos, e não segurava cheques recebidos em suas mãos, juntando com outros que emitia de filiais de bancos de outras praças, daqueles cujas contas eram zeradas e depositando os cheque bons de clientes com os "frios" que emitia, sacava antecipadamente somas impressionantesde dinheiro. E, como dizem que "dinheiro faz dinheiro", fazia compras de mercadoria à vista a preço muito inferiores aos tabelados, conseguindo obter lucros surpreendentes.

Suas contas bancárias, todavia, vivia mais em vermelho do que com saldos. Dizia ele que dinheiro depositado em banco representa prejuízo, tendo que ser mobilizado velozmente. Sendo que quanto maior a velocidade do giro de capital, mais rapidamente crescia o negócio. Mas punha apavorados os gerentes de banco com os saldos negativos de suas contas, que ficavam normalmente devedoras.

Era, Pedro o melhor cliente de Marcos porque vivia envolto em rolos de toda a espécie. E Marcos geralmente conseguia resolver seus rolos pelo que Pedro o apelidou de "Advogado do Diabo", plagiando a obra de autor desse título.

Prosseguiremos, adiante, em outros capítulos, notícias de Pedro, que Marcos passou a considerá-lo como fabricante de máquinas de ganhar dinheiro. Como assim provou inúmeras vezes. Como por exemplo, antes, em Paranavaí, instalara uma lanchonete, "Dólar Furado" que era movimentadíssima, com pista dançante, inclusive. Em Cascavel, o lava jato mencionado. A seguir, pouco depois, a afamada "Casa do Sal" uma poderosa casa agro pecuária que instalou em Caarapó, Mato Grosso do Sul e assim por diante. E, como sempre, o maior garanhão em cada cidade por onde passou, a "faturar" as mulheres mais belas que as vivia assediando.

Por hora, ficam acrescidas neste relato mais algumas deleitantes AVENTURAS DE UM ADVOGADO.

CAPÍTULO 32

Patrocínio de uma auto falência perigosa

Um belo dia aportou nessa cidade onde Marcos estava estabelecido um grego munido de máquina de esteira e uma caminhonete, instalando oficina de reparos de máquinas agrícolas. Tão logo inaugurou a oficina, com festividades de inauguração, com generosa churrascada e barris de chopes, para o que convidou a cidade inteira, casos em que ninguém perde tão convidativa oportunidade para comer e beber com fartura.

Era esse grego pessoa muito simpática e carismática e em pouco tempo fez amizade com grande parte da população e,mais especialmente com Marcos, pois tinha certeza de que iria precisar muito dele pelo simples fato de assemelhar-se muito com Pedro como pessoa rolista. Tanto que mais tarde se associou com Pedro na oficina. Convidava constantemente Marcos e Kátia para virem tomar refeições no refeitório da empresa, onde depois se distraíam com jogos de baralho e xadrez.

Marcos o visitava com freqüência, também no sentido de conversar com o mesmo que era dotado de cultura apreciável, já que Marcos não tinha outra pessoa desse nível cultural. Porquanto Marcos teria cursado ciências naturais – que incluiu amplos estudos em astronomia – anteriormente ao bacharelado em Direito e era, assim, dotado de apreciável cabedal cultural.

Mas o que mais impressionava em Marcos eram os conhecimentos de assuntos metafísicos, desde que esse grego era místico e detinha cabedal impressionante nessa área. Dizia que conseguia realizar levitação e enviar sua alma a distâncias estratosféricas, a visitar a Grécia e outros países do planeta. Conseguia visitar sua velha mãe que morava ainda na Grécia, apenas fechado dentro de seu quarto. Que conseguia comunicar-se telepaticamente com as pessoas onde quer que ela estivesse.

Era também dotado de dom de adivinhação e, algumas vezes surpreendia Marcos a falar com ele sobre assuntos de seu passado de que nunca Marcos lhe havia contado, pondo Marcos admirado com mais esse dom sobrenatural de tal homem.

Sendo que era ainda dotado do poder de realizar curas, por vezes milagrosas, apenas colocando as mãos sobre a cabeça das pessoas. Tanto assim que em pouco tempo formavam verdadeiras romarias de gente para ser curada pelo grego. Dizia que quando se excedia em festas em bebidas alcoólicas, chegando em casa, concentrava-e e punha o dedo polegar em riste e, por ele conseguia volatilizar todo o álcool de seu organismo.

Sua maneira de falar pendia para um sotaque eslavo muito cômica e tinha frases muito engraçadas, como, para quem foge de alguma coisa, dizia: cuorre liéguas, para corre léguas; djapona, para japona, etc.

Um dia compareceu no escritório contando uma longa estória que adivinhava e que iria ocorrer indiscutivelmente.

Isto é, que iria construir um lago artificial nessa cidade, com o auxílio da Prefeitura, como havia feito anteriormente na cidade de onde viera.

Mas que, depois de tudo pronto sua empresa iria falir porque não iriam conseguir vender os títulos patrimoniais que, de rotina são elaborados para venda à população. E que, como conseqüência disso, sem o retorno do investimento iria arruinar-se e ocasionar vultosos prejuízos para alguns investidores. Por isso iria precisar muito de Marcos para ajuizar o processo de falência. E, para surpresa de Marcos, a profecia aconteceu precisamente como ela dissera.

Tanto assim que partindo do escritório dirigiu-se à Prefeitura propondo ao prefeito a construção de um lago artificial, com praia artificial, restaurante e tudo o mais, o que representaria uma obra da iniciativa do prefeito. Donde a prefeitura contribuiria com mais máquinas necessárias, combustíveis, pessoal, etc. E ele, grego, com assessoraria técnica. O prefeito aquiesceu na mesma hora, determinando a elaboração do contrato.

As obras tiveram início poucos dias depois, o mais velozmente possível, numa área próxima da cidade, por onde corria um regato que iria ser represado para formar o lago.

Toda a cidade acompanhava, otimista e entusiasmada a louvável iniciativa. E não faltaram investidores que, espontaneamente procurava o grego a insuflar vultosos capitais em suas mãos, garantidos por notas promissórias a serem regatadas posteriormente, corrigidas e acrescidas de juros de agiotagem, como era costume dos agiotas. Cinco por cento ao mês e, consequentemente, sessenta por cento ao ano. Os investidores exultavam com os lucros generosos que iriam usufruir futuramente. E a soma desses empréstimos destinados a investir no lago subia vertiginosamente elevando-se a cifras impressionantes.

Cerca de uns três meses, aproximadamente, depois, estava pronto o aconchegante clube, com praia de areias alvíssimas que eram transportadas das margens do Rio Paraná, da cidade de Altônia, distante de uma centena de quilômetros dali. Um amplo restaurante foi construído, mobiliado, com numerosas mesas. Tendo sido edificado numerosas barraquinhas cobertas de tecido de cores vivas. Um grande portão na entrada com os dizeres – Clube de Campo de Assis Chateaubriand – um caminho revestido de pedra britada partia da porta do clube para o centro da cidade, repleto de pequenas bandeirinhas coloridas em ambos os lados.

Enfim, tudo o que se pudesse imaginar de atrativo à população, foi providenciado, impecavelmente.

Tendo sido programada uma inauguração fantástica, lotando completamente o estacionamento, também adredemente preparado, com numerosas mudas de árvores que quando crescessem iriam oferecer sombras para agasalhar os veículos.

O prefeito fez uso da palavra em primeiro lugar, depois o vereador presidente da câmara, finalmente Marcos como advogado da empresa, que levara Kátia em sua companhia. Muita gente já aproveitou para se arrefecer nas águas do lago, servindo-se do amplo vestiário; muitas crianças a fazer a maior das algazarras.

Por uns tempos a população se divertiu a valer, com, praticamente o único local de lazer da cidade. Mas, como um tal clube é destinado com exclusividade para os sócios detentores de títulos patrimoniais, a coisa foi arrefecendo violentamente. Porquanto o número de sócios que já teria adquirido títulos era irrisório, poucas dezenas apenas.

Acontece que o grosso da população do lugar consistia de lavradores, que vivia na área rural, ou seja, não afeitos a diversões dessa espécie. Trabalhavam de sol a sol e não saíam de dentro de suas casas a não ser para compras de mantimentos.

Assim as vendas resultaram em autêntico fracasso, não obstante tivesse sido contratado corretores especializados.

Teriam se frustrado os planos malandros do grego, de que, quando fossem vendidos os títulos patrimoniais ele pretendia apoderar-se do dinheiro levantado e depois dar o golpe de sumir dali com os bolsos abarrotados.

Os compromissos foram se vencendo sem que os credores pudessem receber os capitais que foram investidos. Passando a enfileirar-se no escritório de Marcos, já que o grego, não mais resistindo a pressão retirou-se, por uns tempos para Cascavel onde residia sua família. Não sem antes ter assinado procuração a Marcos com poderes especiais de requerer auto-falência. Que, foi o que Marcos providenciou imediatamente, tendo sido deferido o pedido e lacradas judicialmente as portas do estabelecimento.

Dias depois o grego visitou Marcos no escritório e, quando conversavam ouviram rumor de conversa alta na sala de espera e conheceu a voz de uns credor nordestinos perigosíssimos. Marcos mandou o grego ocultar-se nos sanitários e depois chamou o nordestinos.

– Cadê o grego, doutor. Estamos à sua procura para "liquidar" com ele.

– Fui informado que está em Cascavel com a família.

– Pois diga a ele que se o encontrarmos será a última vez, porque vamos mandá-lo pros infernos. E agora, doutor, o que faremos com os nossos prejuízos?

– Simples, redarguiu Marcos, assumam a direção do clube e dinamizem ele para, mobilizando, irem aos poucos recebendo seus haveres. Até agradeceram, pois não tinham pensado nisso.

Felizmente retiraram-se sem terem tido a idéia de o procurar nos sanitários. Quando assegurou-se de que eles estavam longe, chamou o grego, que estava branco e suando, pois ouviu toda a conversa. Quando Marcos disse-lhe, usando seu modo de falar:

– Agora, grego "cuorre liéguas", enquanto pode. E boa viagem.

Tendo Marcos cogitado com seus botões do perigo pelo qual também passou, pois se os loucos dos nordestinos o achassem dentro do banheiro o teriam matado e Marcos poderia correr o mesmo risco de acompanhar o grego para o outro mundo.

Marcos não teve alternativa, para receber honorários, senão a de receber algum crédito modesto de duplicatas de mão de obra de consertos de máquinas que o grego havia feito tempos antes.

Marcos imaginou que o grego até hoje, anos depois, estaria a "cuorrer léguas", imaginando que os nordestinos o estariam procurando para matá-lo.

Ficando aqui registrados esses inacreditáveis episódios que fazem parte das inenarráveis AVENTURAS DE UM ADVOGADO.

Capítulo 33

De um júri resulta uma excursão

Certo dia, quando Marcos estava meio de bobeira pelos corredores do fórum foi surpreendido pela escrivã da Vara Criminal dizendo-lhe que o juiz queria falar consigo.

É que havia um caso de homicídio em que havia, além do Promotor, na acusação, dois brilhantes advogados contratados pelos pais da vítima de homicídio, cuja defesa era dativa e tinha só um advogado de defesa, o que preocupava o juiz como que a faltar mais um advogado para auxiliar na defesa.

Nesse processo a acusação descrevia o caso de um saqueiro que teria matado o patrão, um cerealista, com uma cacetada na cabeça com uma mola – dessas de feixe – de carro, com a agravante de traição e emboscada.

A acusação era de autoria de um promotor desse que tem fama de carrasco e, um dos dois assistentes de acusação, um consistia de um deputado estadual, um nordestino de grande capacidade oratória, enquanto o outro assistente de acusação tratava-se do vice-prefeito da cidade. Razões da preocupação do juiz que entendia acontecer como que uma disparidade entre a acusação e a defesa, achando que esta deveria ser reforçada por mais um defensor.

O juiz tratava-se de um velho amigo de Marcos que teria sido serventuário de uma das varas criminais da Capital, sendo o pai do mesmo velho amigo de Marcos e parceiro no jogo de xadrez de um clube de Curitiba, sendo que ambos jogavam xadrez periodicamente.

Marcos, que nunca rejeitou pedido semelhante para advocacia dativa aceitou o encargo. Tendo feito carga do processo para examiná-lo criteriosamente no escritório.

Sendo que o defensor já nomeado era um colega bem situado financeiramente, proprietário de um posto de gasolina, que fazia da advocacia um bico, já que não dependia disso para sobreviver. Agia, no caso, demonstrando certa indiferença. Tendo Marcos o procurado para combinarem as teses que um e outro se serviria na defesa, estava ele ausente em outra cidade, com a esposa internada numa maternidade à espera para dar à luz. Era uma sexta feira e o júri seria já, na próxima segunda feira. Assim, sequer foi possível ser tratado esse assunto com o tempo e precaução que fosse recomendada.

Só se encontraram, então, no dia do júri e Marcos disse-lhe que escolheria de preferência usar a tese de relevante valor moral e social por defesa da honra, desde que a esposa do réu havia dito em juízo que a vítima teria enviado o réu a serviço em outra comarca e na sua ausência teria vindo assediá-la. No que esse colega concordou e que de seu lado pugnaria por negar a autoria e que não havia testemunhas oculares a amparar a acusação.

No caso, quando o marido voltou da viagem de serviço da empresa, ela contou-lhe o ocorrido, o que gerou o maior ódio do patrão e prometeu tudo fazer para se vingar. O patrão era homem forte e robusto, ao passo que o réu, franzino, e que então, tendo se munido de uma mola de ferro de veículo, colocou-se de tocaia próximo da garagem da vítima, e, quando saiu do carro recebeu uma só cacetada na cabeça com a mencionada mola, que foi o suficiente para matá-lo. Sequer ocultou-se para escapar do flagrante e a casa em que morava situava-se no mesmo terreno onde morava a vítima. Tendo os familiares chamado a polícia, os agentes seguiram passos na terra que indicavam se encaminhar à casa do réu e, dando busca, localizaram a mola que estava manchada de sangue. Prenderam-no e, examinado o sangue da mola, coincidiu com o da vítima. Tendo o réu confessado a autoria e justificando suas razões.

Marcos foi informado que o advogado deputado assistente de acusação havia adquirido uma mola de feixe de caminhão, ao passo que a mola apreendida era de feixe de jipe, portanto muito menor. Então Marcos procurou nos ferro velhos uma mola de feixe de jipe das menores que existe no feixe, desde que os tamanhos são diferentes e ainda mandou o mecânico serrar as pontas da mesma, diminuindo um pouco o seu tamanho e pintou-a de branco. A mola apreendida constava medir 80 centímetros, a desse advogado, cerca de um metro, o 100 cms., ao passo que a de Marcos, passou a medir cerca de 70 cms. Marcos pensou o seguinte:

– Ora, se a acusação pode ter uma mola com 20 cms. a mais, para impressionar os jurados, a defesa, ao contrário, pode apresentar uma menor um pouco do que o tamanho real.

E Marcos muniu-se de um metro de carpinteiro para, se necessário medir a mola levada pela acusação, assim como a sua e a dos autos, no sentido de procurar desmoralizar um pouco a acusação.

E o advogado nordestino fez o maior dos alardes com a mola de um metro e a jogava no chão com força e gritava para os jurados:

– Foi com esta arma amaldiçoada que o réu matou a vítima, senhores jurados!

Ao passo que quando Marcos fez os debates na defesa, muniu-se do metro e mediu a mola contida nos autos, 80 cms. e a seguir tomou a mola usada pela acusação e estendeu o metro e o encostou na mesma, mostrando ao jurados que a acusação tudo fazia para impressionar o jurados e exagerar a acusação, inclusive, mentindo sobre o tamanho dessa arma.

A acusação debateu-se na agravante de traição, alegando que o réu tinha batido com a mola por trás da vítima, fraturando-lhe a cabeça. Marcos trouxe para defesa um crânio artificial de plástico tomado emprestado de um médico para derrubar a agravante de traição.

Acontecendo que o laudo médico informava que o osso fraturado era o occipital do lado esquerdo. Ora, quem dá uma tal cacetada na pessoa, usando a mão direita, ela atinge o occipital lado direito e não do lado esquerdo, fazendo demonstração com o crânio colocando na mão esquerda e usando a mola com a mão direita para fazer o gesto da cacetada. Foi uma demonstração científica admirável no sentido de provar que não teria sido à traição e sim de frente para a vítima. Tendo sido muito elogiado por isso.

Momentos antes, logo após todos terem usado da palavra pela acusação, em que existe uns momentos de descanso antes de iniciar os debates da defesa, o colega de Marcos, que sentia-se como que arrasado, cochichou no ouvido de Marcos:

– Acho que ele vai pegar no mínimo uns 18 anos!

Ao que Marcos redargüiu:

– Isso não é problema meu, porque eu não matei ninguém!

A acusação, no início dos trabalhos em que se houve as testemunhas de acusação, realizou uma surpresa desairosa, tendo mandado chamar um senhor idoso que teria dado carona à esposa do réu porque teria visto a mesma chorando e lhe perguntou por que ela estava chorando? E, ao que ela respondeu que era porque teria mentido na delegacia que a vítima a teria assediado, o que não era verdade. Ora, estava mais do que claro que essa testemunha teria sido comprada para vir dizer tamanha mentira e, por isso, cumpria fazer o possível para desmascará-la.

Quando o juiz oportunizou a defesa para fazer reperguntas, o colega defensor dispensou de fazer reperguntas.

Mas Marcos teve uma idéia brilhantíssima, como que iluminado pela Divindade e afirmou com a cabeça ao juiz que teria reperguntas – pois Marcos achava que a testemunha mentirosa sequer deveria conhecer a mulher do réu.

– Que o réu descreva como deveria ser essa senhora.

Nesse momento os dois advogados, surpresos, por saber que tratava-se, realmente de uma mentira, bradaram juntos:

– Protesto, Meritíssimo, isso já faz dois anos e a testemunha não é obrigada a se lembrar de como era essa mulher.

Momento em que o juiz indagou da defesa o que deveria ser feito, demonstrando-se inseguro por si só. Quando Marcos asseverou:

– Meritíssimo, nós homens ficamos impressionado com mulher chorando, nesses casos, jamais a testemunha iria se esquecer dos traços dessa mulher. Pelo menos que diga se ela era branca ou preta, alta magra ou gorda. Pois do contrário estaria mentindo.

Virando-se o juiz para a testemunha mandou que respondesse às perguntas feitas pela defesa. E, como estava demorando, o juiz bradou enérgico.

– Responda logo!

– Era alta, magra, de cor escura.

O que foi consignado. O juiz olhou novamente para Marcos para saber se tinha mais perguntas.

Quando Marcos teve uma idéia genial, inspirado pela Divindade.

– Que o réu se vire, olhe para o plenário e diga se ela está presente.

Foi aquele desespero novamente dos advogados assistentes de acusação.

– Protesto, Excelência! O réu não é obrigado a fazer isso!

– Indefiro o protesto e virando-se para a testemunha que demorava muito para responder, advertiu:

– Responda logo a pergunta, senão mando prendê-lo!

– Não sei, Excelência – respondeu o réu.

Essa resposta do réu de que não sabia, provava que ele sequer conhecesse essa mulher e que, então, sem dúvida veio mentir em juízo. Casos em que houve como que um murmúrio de admiração por várias pessoas, inclusive algumas vaias endereçadas à testemunha mentirosa.

Momento em que o juiz bateu como martelo sobre a mesa bradando alto:

– Silêncio e respeito, senão mando evacuar o recinto.

Novamente o juiz olhou para Marcos para saber que atitude tomar.

– Que seja consignado que o réu respondeu que não sabe. Não tenho mais perguntas.

Terminados os debates orais Marcos procurou o réu para saber como era a sua mulher e ele respondeu que era baixa, clara, de cabelos claros e meio gorda. Bem o contrário do que falou a testemunha.

Marcos teve ímpetos de levar o réu perante o juiz para informá-lo das aparências de sua mulher, com a finalidade de provar ao juiz que essa testemunha mentiu e por isso deveria ser presa por perjúrio. Mas deixou por isso mesmo e, no caso de apelação por novo júri provaria isso usando fotografia dessa mulher, o que realmente foi feito.

Não obstante o esforço da defesa de rebater as agravantes de emboscada e traição, assim como a tese de legítima defesa da honra da mulher do réu, os votos acusatórios foram mais numerosos e o réu, conforme havia previsto o colega de Marcos, fora condenado a dezoito anos de reclusão.

Marcos, embora nada tivesse dito ao seu colega, e dispôs a apelar por novo júri, tendo, – para finalizar logo – conseguido reduzir a pena para seis anos. E com o direito de continuar trabalhando na fazenda do carcereiro, onde sempre esteve, sob a responsabilidade do carcereiro, sequer tendo ido conhecer a penitenciária. O que redundou num verdadeiro sucesso os trabalhos de defesa feitas por Marcos.

Tanto assim que o carcereiro, para quem o réu trabalhava, logo após a sentença, trouxe para Marcos um generoso cheque que serviu para pagar uma viagem de Marcos até sua terra natal, Piraju-SP., tendo antes, passado por Santo Antonio da Platina, a visitar os parentes de Kátia.

Ficam, assim, inscritas mais essas sensacionais AVENTURAS DE UM ADVOGADO.

CAPÍTULO 34

Patrocínio de uma concordata a clientes cerealistas nipônicos

A população vinha padecendo as conseqüências funestas de uma crise da soja como decorrência do monopólio sempre engendrado pelo americanos do Norte, donde a fixação do preço de compra de soja parte dos Estados Unidos. Chicago, salvo nosso engano.

Acontecendo que havia uma super produção do produto nesta região e, logo após a colheita desse ano, o americanos tabelaram preços de compra de valor ao irrisório por tonelada, que, sequer, quem vendesse teria condições de pagar os empréstimos bancários – cédulas rurais – que a arrebatadora maioria contrai para produzir soja. Tais como preparo de terra, fertilizantes, combustíveis, sementes, pesticidas, etc.

Os produtores que podiam, iam segurando de vender a produção, preferindo aguardar a elevação do preço, como de rotina ocorria em outros anos. Ao passo que muitos produtores que não tinham condições de aguardar por mais tempo a elevação do preço, acabavam por serem compelidos a vender o produto com prejuízos elevados.

Mas, lentamente, com a falta de soja nos estoques das fábricas de óleo de soja, as ofertas mais vantajosas iam aumentando o interesse de alguns produtores que, embora com algum prejuízo vendia o produto para as esmagadoras, invés de o exportar.

Um desses produtores, desesperado pelo volume de dívidas contraídas para produzir, sem esperança de que os preço fossem aumentados pelos americanos, descontrolou-se tão exageradamente que ateou fogo na tulha onde estava estocado o soja e atirou-se nesse inferno de labaredas, suicidando-se.

A maior parte das inúmeras cerealistas estabelecidas na cidade cerraram as portas como decorrência da paralização dos negócios.

Uma delas, de descedentes nipônicos, para não cerrar as portas procurou o escritório de Marcos para propor concordata preventiva, já que apresentava condições de pagamento das dívidas desde que a longo prazo.

Tendo Marcos protocolizado o pedido judicialmente tão logo muniu-se da necessária documentação.

Sendo que parte do preços do honorários contratados foi pago com os direitos já parcialmente pagos de prestações de um carro Marca Chevrolet novo, passando, Marcos, a possuir dois carros desde que já era dono de um Karmam Ghia, já mencionado anteriormente.

Alguns meses depois os nipônicos teriam, já, ultimado os pagamentos e se livrado, assim, das dívidas e sem precisar, como a maioria dos colegas, fechar o estabelecimento.

Inúmeros outros estabelecimentos comerciais fecharam, também as portas em conseqüência da redução de movimento e diminuição violenta de freguesia.

Os valores dos imóveis urbanos e rurais passaram a padecer de uma queda assustadora de valor. Muita gente, assim mesmo vendia a propriedade pelo preço que alcançasse para enfileirar-se junto aos comboios diversos que partiam, quase todos os dias, de caminhões e ônibus em direção à nascente Rondônia. Onde o governo federal promovia colonização oferecendo terras gratuitas e até ajuda financeira a quem se interessava em mudar para lá.

A população, assim, da cidade foi diminuindo surpreendentemente.

O movimento da banca, reduzindo, nas mesmas proporções. E, em certas partes da cidade, onde tantas portas comerciais foram fechadas, resultava na aparência de uma cidade fantasma.

Vários vizinhos de Marcos venderam suas casas e partiram para outro lugares, muito do quais, acompanharam os comboios que se dirigiam para Rondônia. Vendendo seus imóveis por valores irrisórios,com prejuízos incalculáveis, como resultado do desespero de quem já não tem mais como sobreviver nessa cidade.

Marcos e Kátia cogitavam entre eles a se entreolharem, assustados, de olhos arregalados, de que, mais hora menos hora chegaria a vez deles também. Mas, para felicidade deles isso não ocorreu face a uma oportunidade canalizada pela Divindade, de que falaremos no próximo capítulo.

Registrando-se, então, venturas e desventuras, no rol destas impressionantes AVENTURAS DE UM ADVOGADO.

CAPÍTULO 35

Abrindo filial em Dourados, Mato Grosso

Enquanto Marcos e Kátia comentavam, alarmados, sobre a crise do soja que tanto abalou a cidade e região, provocando o êxodo da população sem precedentes históricos, soou a campaínha do telefone com Pedro no outro lado da linha, de quem não se tinha notícias há muito tempo. Ele juntou todos os seus recursos e se estabelecera com uma casa agro-pecuária na cidade de Caarapó, próxima da Comarca de Dourados, Mato Grosso.

Ligou para pedir a assessoria de Marcos relativamente um caminhão lotado com uma carga de sal para gado que cuja apreensão havia sido deferida por um juiz de uma comarca não muito distante dali no caminho que demanda para o Mato Grosso da região sul. O autor da referida apreensão teria sido dono do mencionado caminhão que fora vendido em algumas parcelas a Pedro, do qual restavam algumas vencidas e não pagas.É que Marcos deixou de pagar propositadamente tendo em vista que logo após ter comprado o caminhão este teve a máquina fundida e Marcos gastou muito para a retífica do motor. Reclamando da despesa ao vendedor sobre o que ocorreu, ele não quis tomar conhecimento do assunto alegando que veículos usados são vendidos depois de experimentados e entendia que problemas posteriores seriam da incumbência exclusiva do comprador.

Tendo esse senhor contratado advogado experiente e, diziam ser amigo do juiz. Ajuizada a Ação de Execução do contrato de compra e venda cumulado com apreensão liminar, foi deferido de plano e feita a apreensão, mesmo carregado de mercadoria.

Examinando o processo Marcos constatou que não havia contrato prévio pactuando cláusula de reserva de domínio, condição indispensável para a apreensão. Contestando, então, energicamente a ação o juiz concordou com os argumentos expendidos por Marcos, determinando a imediata liberação do caminhão. O motorista do caminhão teria se hospedado num hotel, por ordem de Pedro, que sabia de que Marcos liberaria o caminhão no mesmo dia. Tendo sido entregue o caminhão ao motorista de volta, o qual prosseguiu viagem para Caarapó, tendo Marcos seguido o mesmo.

Enquanto demorava alguns minutos para o escrivão preparar tudo, o juiz que, quando não tinha o que fazer, saía para dar algumas voltas em torno do fórum.

Marcos, de sua vez havia dado uma chegada nos sanitários do fórum por alguns minutos. Eles carregavam no carro um belo espécimen de cão da raça poodler cor negra. Este, quando avistou Marcos, pulou do carro indo em direção de Marcos.

O juiz, vendo o cão que vinha em direção do fórum, virou-se para o cão e, batendo o pé no chão, gritou:

– Passa, cachorro!

Bruzundunga – que era seu nome – não obstante tratar-se de animal dócil, arreganhou o dentes e rosnou para o juiz, como que escorando-o. O juiz afastou-se um pouco, aterrorizado. E por sorte Marcos, que estava por perto e assistia a tudo, gritou:

– Quieto, Bruzundunga! Tendo o animal vindo em sua direção abanando o rabo. Mandou-o de volta para o carro, quando Kátia também veio ao encontro para pegá-lo de volta.

Então Marcos, dirigindo-se ao juiz que estava ainda branco de susto, disse-lhe:

– Sinto muito, doutor, o ocorrido. Realmente o cão é dócil, mas a maneira com a que o senhor o tratou, ainda batendo com o pé no chão, qualquer outro cão teria feito o mesmo.

Tratou-se, nesse caso de uma lição de cão, isto porque esse juiz padecia da fama de se meter em tudo que não era da sua conta, até nos serviços de limpeza do fórum, mandando em todo mundo um pouco mais do que devia. Tanto assim que os serventuários que ficaram sabendo da história ufanaram-se com o ocorrido. Até parabenisando o cão.

Chegando em Caarapó, foi aquela festa a chegada do caminhão junto com Marcos e Kátia. Quando Pedro gritou:

– Viva o "advogado do diabo". Hurra! que não tem problema que não resolva. Pagando generosos honorários e passando a apresentar Marcos a seus amigos como o melhor advogado do mundo. E, dirigindo-se, em especial a Marcos, chamou-o no escritório e entregou-lhe um montão de documentos de crédito para cobrança. Cheques sem fundos, duplicatas protestadas por falta de pagamentos, notas promissórias, etc. E, dizendo-lhe que, se viesse para essa cidade iria ter muito serviço.

Acontecendo, entretanto, que essa cidade consistia ser só município, sendo a sede da Comarca, Dourados, distante de uns cinqüenta quilômetros, onde seria, então recomendável ser instalada a banca. Pois cumpriria estar policiando o andamento da ações diariamente, senão pereceria tudo.

Tendo então Marcos recebido esses documentos e se dirigido para Dourados e, lá chegando já viu uma placa num prédio: "ALUGA-SE SALAS" . Marcos estacionou, desceram do carro e viram que uma das salas era ótima, tendo até divisória para sala de espera, alugando-a imediatamente. Era ao lado de outro escritório de advocacia. Cujo possuidor, muito simpático, ofereceu o escritório para o que Marcos precisasse. Então Marcos disse-lhe.

– Tenho o prazer em conhecê-lo. De fato preciso peticionar umas ações de cobrança e usar sua máquina e folhas de sulfite, enquanto não vou buscar meu escritório na cidade de onde venho.

E, preparou as ações executivas, levando-as ao fórum e as protocolizando.

Acrescentando ainda o generoso colega que sua secretária também estaria à sua disposição para o que fosse necessário.

Tratava-se de uma gaúcha linda, digna de candidatar-se a miss, o que não é novidade em matéria de mulheres gaúchas.

Então, ela aproveitando o ensejo disse a Marcos e Kátia que acreditava que sua mãe alugaria a eles parte da sua casa, de onde partiram alguns irmãos que se casaram e a casa ficou com bastante peças vazias. E assim foi feito. Foram com ela à casa de sua mãe que, imediatamente alugou e banheiro, colocando a cozinha à disposição de Kátia para a usar no que fosse necessário. Tendo eles se instalado confortavelmente nessa casa provisoriamente até alugarem uma casa e irem buscar a mudança para mudarem-se para essa tão promissora cidade. Marcos mandou fazer placa e a colocou em frente ao escritório.

No mesmo dia começaram a aparecer clientes e serviços, sendo que dentro de poucos dias Marcos já se debatia para dar conta de tudo. Kátia, que estava habituada a ajudar Marcos como secretária, não tinha como, por enquanto, pois não tinha como afastar-se de Bruzundunga e dos serviços caseiros.

Então servia-se da já mencionada secretária, cujo colega vivia viajando, estando mais ausente do que no escritório.

Depois de duas ou três semanas Marcos e Kátia já saíram à procura de casa para alugar, tendo localizado uma no mesmo dia a preço módico. Sequer contrato a senhoria exigiu e já entregou as chaves a Marcos, sem, também, exigir aluguel adiantado.

Seguiram, então viagem a Assis Chateaubriand em busca da mudança, que era pouca a caseira, predominando o escritório, tendo Marcos fretado um caminhão e levado tudo, fechando a casa, evitando de a alugar desde logo, até que se assegurassem que, efetivamente teriam sucesso em Dourados.

O sucesso, entretanto, acompanhou Marcos, cuja banca flanava ao vento da sorte, qual barco à vela sob lufadas de vento pelos mares revoltos da vida.

Exultavam então, porque tinham tido sorte de terem se safado daquela querida cidade que padecia de terrível "crise do soja", como diziam. Saudosos que ficaram, da casa com lareira revestida de pepitas de ouro, da sala aconchegante revestida de madeira de lei de chão reluzente e de outra peças revestidas de tacos de madeira que teriam sido colocados por Marcos e Kátia. Assim como Kátia jogava beijinhos para a sua horta repleta de hortaliça que doou para os vizinhos; jogando também beijinhos para o florido jardim repleto de canteiros, despedindo-se, ambos, sob lágrimas abundantes a lhes banharem os rostos.

– Deus é grande, dizia Marcos. Haveremos de possuir outra casa igualmente aconchegante como essa que tanta alegria e felicidade nos proporcionou.

Descarregaram a mudança e o escritório e partiram para compras de mantimentos que estavam escassos.

Dourados, como dizia Marcos, parecia uma pequena filial do Rio Grande do Sul, tchê. Lembrando, inclusive, a inesquecível Pato Branco, onde teriam iniciado suas peregrinações ou aventuras de um advogado, igualmente terra de gaúchos.

Graças a Deus, até aqui Marcos e Kátia já se ufanavam de estarem felizes e a enriquecerem estas inenarráveis AVENTURAS DE UM ADVOGADO.

CAPÍTULO 36

A nova casa de Marcos e Kátia

Com pouco mais de dois meses de atuação em Dourados, Marcos já teria economizado dinheiro suficiente para comprar os direitos de uma casa num dos planos BNH de melhor padrão dentre alguns que existiam na cidade.

Assim se procedeu, e Marcos adquiriu o direitos de uma dessas unidades habitacionais cujos possuidores ofertavam preço convidativo, porque o chefe da família, funcionário público federal, havia sido transferido para outro Estado.

Mudaram-se então para essa casa, mais confortável do que a que haviam alugado. Passando a adequá-la às necessidades, como, fazer muro, cobertura para carro e outras benfeitorias. Mesmo porque Marcos deveria aproveitar um estoque de " bloquetes" – tipo de tijolos grandes feitos de cimento – que havia recebido de uma empresa desse gênero como parte de pagamento de honorários. Tendo até sido necessário, para aproveitamento de todo o estoque, construído mais uma peça nos fundos, já que uma das salas da frente teria sido transformada em escritório de casa, onde Marcos recebia clientes em horários extras e em fins de semana.

Mas, prossigamos, apresentando, aos diletos leitores a importante e progressista cidade de Dourados. Consiste ela da maior cidade dessa região, depois da maior que é Campo Grande, que, poucos anos depois viria ser a Capital do Mato Grosso do Sul.

Era, Dourados, assim, centro nevrálgicodessa região Sul do Estado. De onde partiam o para onde convergiam algumas rodovias, consistindo, assim, de passagem forçada para quem trafegava por essa região. A rodovia mais importante era a que demandava a direção de quem se dirige para Campo Grande e Estado de São Paulo. Em sentido oposto a que demanda Ponta Porã, cidade fronteiriça com a cidade de Pero Juan Cabalero, Paraguai,fronteira seca, como dizem, bastando atravessar uma rua e passamos de um país para o outro. Onde a gente ia vez por outra comprar souvenirs, cosméticos, mercadorias importadas a preços convidativos, onde incluía uísques escoceses e a afamada, já conhecida, caña Aristocrata. Outra rodovia, demandava a direção sul, até o extremo, confinando com o sul do Paraná, passando por algumas cidades sendo as mais importantes, Caarapó, Naviraí, Amambaí, Eldorado, – onde Marcos recebeu um lote urbano como honorários – finalmente Mundo Novo, próximo já da divisa com o Paraná, estando ou outro lado do Rio Paraná, Guairá e, em divisa seca, Salto del Guairá, já no Paraguai. Onde também se visitava vez por outra para os fins já antes mencionados.

Finalmente havia uma outra rodovia de umas duas centenas de quilômetros que terminava por encontrar a rodovia que demandava a direção do Estado de São Paulo. Por cidades principais citam-se Fátima do Sul, Glória de Dourados, Ivinhema e Nova Andradina – fundada pela família Andradas, de Andradina, SP.

Assim, de todas essas cidades, suas populações visitam constantemente Dourados, o maior centro comercial da região, como foi dito, para a aquisição de veículos de toda a espécie, destacando-se maquinário – tratores, colheitadeiras, implementos agrícolas, ferramentas, adubos, sementes, rações, vacinas, produtos veterinários, etc. Além de mantimentos, roupas, calçados, móveis e tudo o mais onde tudo existe em mais abundância do que nas cidades menores. E onde se situam concessionárias Ford, Chevrolet, Volkswagen, Mercedes Benz, etc., além das concessionárias de máquinas agrícolas de marcas diversas como Caterpilar, etc. assim como distribuidoras de sementes, – de que uma das mais importantes tinha Marcos como assessor jurídico.

Dourados assemelhava-se, já nesse tempo, a um formigueiro humano onde se mobiliza verdadeiras massas humanas; além de impressionante movimento de veículos, incluindo tratores a circularem abundantemente nas áreas comerciais. Vários bancos, todos igualmente movimentadíssimos.

Além de amplas áreas rurais de plantio de soja muito agricultores dedicavam-se ao plantio de arroz e de trigo. Dizia-se que, colhe-se o soja e já se planta trigo para não deixar a terra vazia propensa a se empestear.

Existe em alguns dos arredores de Dourados reservas indígenas, destacando-se as tribos Caiuás e Terenos, dentre outras. Assim é comum ver-se aborígenes circulando pela cidade, como algumas eventuais carroças com mulheres índias vendendo mandioca, milho verde, samambaias e mudas de flores que, sempre procuram Kátia que tanto aprecia flores e compra de tudo o que elas têm para vender, além de doar para eles roupas usadas e outras utilidades que costumam pedir. Pois a piedade é uma das características que faz parte das virtudes de solidariedade humana de Kátia.

Crianças índias são vistas com freqüência nas feiras em busca de sobras de hortaliças e restos de frutas que são botadas fora pelos feirantes, mas que eles apanham por ser-lhes ainda úteis. Aparentam mendigos carentes a quem falta muito do necessário em casa para sobrevivência.

Como já se falou em outro capítulo do início, que a tentativa de os nativos se adaptarem ao meio civilizado deixa muito a desejar, pois nem se identificam como aborígenes – daqueles que vivem embrenhados nas selvas onde têm de tudo aquilo a que estão habituados a se servir – nem se identificam como civilizados, já que nas cidades as pessoas humildes exercem profissões definidas – carpinteiros, pedreiros, mecânicos, serralheiros, oleiros, etc. – a que parece não se adaptarem por sua natureza que aparenta serem preguiçosos ou desinteressados. Propendendo, por isso a viverem mais a mendigar do que a trabalhar. O mais que fazem é estarem a plantar pequenas roças de milho, mandioca, batata, hortaliças, etc., o que representa uma minoria, deles.

O que ocorre, estudando minuciosamente o que teria ocorrido, é que, antigamente, viviam em grandes áreas desta região, incluindo está a cidade e as propriedades rurais ao redor. Onde existia caça em abundância e peixes nos rios da região. Mas, com a chegada e apossamento das terras, eles foram afastando...afastando... e afastando, restando-lhe uma pequena miséria de área rural que o próprio governo delimitou para denominar de " reserva indígena". Ou seja, que não pode ser mais objeto de apossamento por ninguém. Mas onde a irrisoriedade das terras já não tem mais caça nem rios onde capturar peixes. O governo deveria providenciar para removê-los para longe, em sertões ermos, onde ainda existe abundância de caça e pesca. Mas as crenças, tradições e religiões incluem não se mudarem de onde nasceram e onde estão sepultados seus antepassados, cujos cemitérios são considerados sagrados e impenetráveis, devendo se perenizar para a eternidade.

Em outras palavras mais simples e mais drásticas, a vinda dos civilizados em suas terras serviu apenas para desgraçar e destruir tudo o que possuiriam por herança do Deus da Natureza. Resultando que a redução paulatina das populações indígenas vai indo até a total extinção de todas as suas nações. O que se constitui num mal sine cura.

Donde lembrar mais uma parcela dos poemas de Gonçalves Dias em I-Juca Pirama:

"E os campos talados,
E os arcos quebrados,
E as piagas coitados
Já sem maracás;
E os meigos cantores,
Servindo a senhores,
Que vinham traidores,
Com mostras de paz. "

Colocando-se, aqui, uma pausa de meditação para se apreciar um manancial de episódios das deleitantes AVENTURAS DE UM ADVOGADO.

Capítulo 37

Os pesadelos de um habeas corpus e o assassinato de um delegado

Num determinado dia entra no escritório uma senhora vinda de Caarapó, com sotaque guarani, com a cabeça coberta por chalé comprido como era costume das mulheres paraguaias. Vinha ela recomendada por Pedro, em busca de liberação de seu marido que havia sido preso pelo delegado daquela cidade, porque havia comprado algumas cabeças de gado que teria sido furtado de uma fazenda daquela região.

Segundo rumores esse delegado era considerado severíssimo e de difícil diálogo com advogados. A senhora já portava fotocópias da queixa registrada pela vítima, outra paraguaia, porém de elevado padrão de vida, uma fazendeira rica. Fotocópias essas providenciadas por Pedro que tinha já alguma experiência do que fazer nessas circunstâncias. Assim como um recibo relativo à compra das cabeças de gado que o marido da senhora havia recebido do vendedor.

Então, munido dessa documentação, Marcos impetrou um bem elaborado habeas corpus, com pedido de concessão liminar o qual foi facilmente deferido pelo juiz, tendo o escrivão confiado a Marcos o pedido de informações endereçado ao respectivo delegado. Casos em que o delegado, recebendo o pedido de informações decidiu liberar o preso imediatamente, tendo informado da liberação ao juiz para que considerasse prejudicado o habeas corpus por não mais ter objeto.

Acontece que Marcos havia chegado na delegacia perto fim do expediente e o delegado pediu que Marcos aguardasse até a manhã do dia seguinte para o preso ser interrogado antes de o liberar e, seu escrivão já havia ido embora e pela manhã do dia seguinte iria fazer o interrogatório do preso para, depois o liberar. Ao que Marcos não fez objeção, mas fez, antes, contato com o preso contando-lhe que no dia seguinte ele seria libertado. Já estava preso há uns três dias. Ao que o preso, muito contente com o resultado agradeceu a Marcos:

– Mutchas gracias mi caro dotor.

A seguir Marcos foi para a casa de Pedro, que tinha algumas dependências no interior da sua loja – a afamada Casa do Sal – para ali pernoitar essa noite.

Em dado momento compareceu na loja gente procurando el dotor. Consistia da senhora paraguaia, dona da fazenda de onde havia sido roubado algumas cabeças de gado, inclusive as que foram compradas dos larápios, de que já falamos. Fazia-se acompanhar por um empregado robusto, de chapéu atolado, desses que estão só a olhar para o chão, como que a desviar de olhar de frente para as pessoas. Um tipo de segurança da senhora. Tendo Marcos os atendido e perguntado o que necessitavam. Ao que a senhora dirigiu-se toda solícita a Marcos, dizendo.

– Vengo pedir encarecidamente, em nombre de la Virgem Santíssima que el dotor non libere o Segóvia – sobrenome do preso – pero esto és um hombre periculoso e puede venir a matar nosotros puerque fue preso em ración de nuestra denúncia.

Como se vê, vinha pedir para não soltar o preso, temerosa de que, como represália ele pudesse se vingar e ir ao encalço da dona de fazenda e até matá-la por ter sido a responsável pela sua prisão. Ao que lhe respondeu.

– Sinto muito, minha senhora o Segóvia comprou algumas cabeças de gado sem saber que tinham sido furtado da senhora, mas pagou o preço normal e tem recibo da compra. Por isso não tem culpa do que aconteceu. O juiz já mandou liberar o mesmo. Minha obrigação é tirá-lo da cadeia e o de o defender das acusações dirigidas a ele. E o delegado já prometeu que vai soltá-lo amanhã pela manhã.

Se a senhora tem um pedido desse tipo para fazer, deve dirigir-se ao delegado ou ao juiz. Em nosso país as coisas funcionam dessa maneira. Assim, sinto muito, mas não posso atender ao seu pedido por ser injusto.

E afastou-se dali antes que ela retrucasse mais alguma coisa.

Pela manhã, quando Marcos foi à delegacia para acompanhar o interrogatório do preso, viu que essa senhora já estava lá à espera do delegado. Tendo, então Marcos dito ao delegado o que aconteceu na noite anterior e que sugerira a ela que fosse falar com o senhor.

O delegado, irritado, perguntou se era verdade que ela estava ali para pedir que não liberasse o Segóvia. E, como ela respondeu afirmativamente o delegado mandou que ela fosse embora dali, antes que ele resolvesse prendê-la por desacato à autoridade. Tendo ela se retirado rapidamente pedindo desculpas.

Tão logo o preso foi ouvido, foi liberado e entregue a Marcos.

Então, Segóvia, emocionado abraçou Marcos dizendo:

– Ái, mi caro dotor, yo non se como agradecirlo por me tirar desta maldita prisión que estuve a padecir por quatro dias. Después de pagarlo me voi embora pra bien lecho com verguença de mis amigos de tener ido parar em la prisión. Sin deber nadie.

No que concerne aos honorários, como o paraguaio tinha pouco dinheiro em mãos, ofereceu como parte de pagamento um lindo revólver americano de cabo de madrepérola marca Schimdt Wesson e uma caixa de balas, perguntando-lhe se ele concordaria em receber; também, uma mesa de fórmica e cadeiras, usadas mas tudo em bom estado e outros apetrechos culinários, que Marcos concordou em receber, também. Assim como tinha, nas mãos de um seu amigo, outro açougueiro, três rezes que lhe vendera – sem ser das roubadas – pedindo a ele que repassasse o dinheiro da venda a Marcos. Com o que Marcos confessou-se generosamente pago pela liberação do paraguáio, velho amigo de Pedro.

Tendo explicado a Marcos que lhe entregava esses móveis porque iria embora daquela cidade para bem longe, porque sentia-se terrivelmente envergonhado e desmoralizado perante a colônia paraguáia de ter sido preso. Que pretendia nunca mais voltar a essa cidade.

Pedro mandou abrir uma champanhe para comemorar a vitória e a alegria de ver seu amigo em liberdade, gritando em alta voz:

– E viva, mais uma vez o "advogado do diabo" que ninguém pode com ele. O nosso herói!

Levantando o copo de brinde e abraçando demoradamente Marcos, um tanto emocionado.

Marcos quase explodia de satisfação, também um pouco emocionado.

Depois do almoço todo mundo descansou algumas horas.

Em dado momento trouxeram uma notícia horrível. Haviam matado o delegado que estava nos fundos de sua casa lavando o rosto no tanque de lavar roupa. Um tiro certeiro veio de longe ceifando a vida do mesmo, tratando-se de uma tocaia adredemente preparada.

Então trocavam comentários sobre as possibilidades de quem teria feito isso. Quem seria, quem não seria. Uns imaginavam tratar-se de membros da colônia paraguaia, como represália pela prisão injusta de Segóvia. Outros imaginavam que pudesse ser gente da dona da fazenda porque o delegado a tratara rispidamente na delegacia, até a ameaçando de a prender.

O fato é que Pedro determinou que Marcos devesse se proteger porque temia por sua vida também, no caso de que pudesse ter sido o pessoal da dona da fazenda e pretendesse também cobrar de Marcos, como advogado, de ter liberado Segóvia.

Corria rumores que esse delegado tinha muitos inimigos ferozes pelo fato de que ele já havia matado, pessoalmente, muitos bandido afamados e que, depois de mortos, cortava-lhe a garganta com um espadinha afiadíssima que carregava na cintura. Para a desmoralização dos bandidos famosos, constando prometera limpar a fama de que Caarapó era um antro de esconderijo de bandoleiros perigosos.

Correndo, também rumores que, um irmão de um desses bandoleiros famosos que havia sido degolado pelo delegado, havia prometido se vingar do que foi feito e esse seu irmão. Constando que essa pessoa, que era um comerciante abastado que se mudara de Caarapó fazia já bastante tempo. Mas que teve gente que o viu, nesse dia, rodando pela cidade numa caminhonete moderna.

Alguns dias depois do ocorrido uma máquina da prefeitura remexia com terra num quintal próximo da casa do delegado e, em dado momento o tratorista viu alumiar alguma coisa adiante do trator, desceu e foi ver o que poderia ser. Deparando com uma espingarda nova, moderna, estando o número raspado. Vendo-se que essa teria sido a arma usada na tocaia contra o delegado. Tendo o tratorista levado a espingarda e a entregado ao delegado substituto. Mas a solução do caso culminou no arquivamento do processo por falta de provas.

Encerrando-se, aqui, este capítulo que falam bem alto das surprendentes e inesperadas AVENTURAS DE UM ADVOGADO.

CAPÍTULO 38

Defesa de um suposto traficante resulta numa adoção maravilhosa

Uma pessoa vinda de Caarapó procurou Marcos no escritório para tentar liberar e defender um seu irmão que havia sido preso injustamente como suposto traficante de drogas. Tendo sido seviciado e obrigado a confessar crime que não cometera.

Medra nessa região, infelizmente, um tráfico intenso de drogas entorpecentes pelo fato dessa cidade estar próxima do Paraguai pela via de Ponta Porã e por outras latitudes, sendo muito extensa a fronteira com o mencionado país vizinho. Havendo, concomitantemente, um número elevado e crescente de usuários vitimados nesse vício amaldiçoado, incluindo, infelizmente, número elevado de adolescentes estudantes, sendo que as drogas penetram nas escolas misteriosamente, alcançando até crianças de idades escolares assustadoramente pequenas; havendo viciados desde os dez a doze anos de idade. A causar pânico aos pais de alunos.

Razões porque policiais civis, militares estaduais e federais devotam-se dedicadamente na repressão desses crimes, como sendo o maior o do tráfico de drogas, havendo barreiras militares do exército, também, próximo de Ponta Porã. Onde já aconteceu sérios entreveros entre militares do exército e gangs poderosas de contrabandistas, com troca de tiroteio por ambas partes. Havendo, eventualmente baixas de ambas partes, revelando-se, por isso uma fronteira muito perigosa.

No caso que estamos tratando um adolescente foi pilhado num ônibus trafegando em cidade do Estado de São Paulo e, seviciado confessou que havia adquirido a droga de outro adolescente cujo pai era dono de um hotel em Dourados. Trazendo o menor dentro da viatura de policias federais, dirigiram-se ao mencionado hotel onde o pai do referido adolescente era proprietário do hotel. Pressionando esse adolescente sobre a origem da droga este forjou uma estória absurda que acabou comprometendo um inocente.

Disse aos agentes da federal que ele havia pegado carona com um senhor que teria ido a Ponta Porã para vender uma Kombi e a entregar ao comprador. Depois retornado de ônibus com a muamba que havia adquirido no Paraguai. Mas como se tratava de um menor, que no caso é inimputável, e eles insistiam em prender alguém adulto para ser punido, seviciaram o menor para que dissesse que a muamba pertencia ao dono da Kombi e, sem outra alternativa para não apanhar mais, o menor acabou concordando com o que eles exigiam, culminando por incriminar o dono da Kombi. Prendendo essa pessoa, a seviciaram para confessar, na marra, que era o dono da muamba, lavrando, assim, um flagrante embasado em mentiras.

Conseguindo convencer o menor a assinar uma declaração de tudo como ocorreu. Marcos impetrou um habeas corpus ao juiz criminal instruindo-o com a declaração desse menor e com certidão negativa do cliente e outra declaração desse cliente contando a verdadeira versão do caso.

Examinando a documentação o juiz deferiu pedido e determinou alvará de soltura incontinentemente. Na defesa, posteriormente, Marcos conseguiu que o juiz absolvesse o cliente.

Residia, próximo à casa desse cliente uma jovem que dera à luz a uma criança do sexo masculino e, tendo Marcos e Kátia feito uma visita à casa desse cliente, a esposa deste contou a Kátia sobre a criança, despertando a curiosidade dela, que, foi ver a criança sem falar com Marcos, Kátia apaixonou-se pela criança e ficou seriamente preocupada porque a criança vinha sendo mal alimentada por falta de recursos financeiros. Essa jovem necessitava trabalhar como empregada doméstica porque seus pais eram muito pobres. E, assim, tinha sérias dificuldades de criar a criança, que preferia doá-la a quem pudesse criá-la adequadamente.

Kátia retornou de lá em prantos por piedade da criança, mas evitava de levar o assunto a Marcos porque ela já havia dito antes que preferiria não ter mais filhos à vista das decepções experimentadas pela rebeldia das filhas que se converteram em duas hippies devassas.

Mas Marcos insistindo para que Kátia dissesse o motivo de tanto pranto, ela resolveu contar tudo. O que demoveu Marcos das atitudes anteriores de que não queria mais mexer com criação de filhos. E resolveu ir ver a criança, apiedando-se, também do estado de desnutrição, pedindo à mãe que lhe confiassem a criança para levá-la ao pediatra e a tratassem adequadamente, no que anuiu prontamente a mãe.

Estava visivelmente desnutrida e uma carapaça extensa cobria-lha a cabecinha e necessitava tratamento adequado para ser removida. Kátia e Marcos passaram a devotar o melhor de suas atenções na recuperação completa do bebê, com alimentação recomendada pelo pediatra, vacinação, higienização adequada, vestimenta e tudo mais que fosse necessário. Ao cabo de alguns dias não se conhecia mais aquele bebê franzino, raquítico que agora estava rosadinho, com os cabelinhos livres de carapaça, perfumado, atrativo, enfim. Com o que foram se apegando à criança como se fossem pais legítimos.

Então, Kátia percebendo que Marcos também se apegara à criança, arrojou-se a perguntar se ele concordaria em adotá-la.

– Mas quando? Indagou Kátia.

– Ora essa. Hoje mesmo, claro.

Kátia pulou e agarrou-o pelo pescoço beijando-o ardorosamente.

– Puxa, você continua o maravilhoso de sempre mesmo!

E foram imediatamente encontrar com a mãe. Não para adoção, mas para registro como filho definitivo, como se fossem eles pais legítimos. É que Marcos, que tivera duas filhas das primeiras núpcias, sempre sonhara ter um filho homem para herdar o sobrenome da família, tendo, por isso, dado ao mesmo seu próprio nome, acrescido de Júnior.

Tendo, assim, se dirigido ao cartório e registrado a criança com seu próprio nome acrescido de Júnior, cujo cartorário, amigo de Marcos disse que essa criança acabara de ganhar a sorte grande.

Tendo antes, Marcos, colhido assinatura da mãe, numa declaração que concordava em doar-lhe o bebê sem restrição ou exigência de espécie qualquer, salvo de o visitar quando lhe conviessse, autorizando, inclusive de o registrar como filho legítimo de Marcos e Kátia. Entretanto, como ela se acanhava de ir visitar o bebê, cerca de uma vez por mês levavam a criança até a casa dela para o ver, até o dia, tempos depois, quando se mudaram dessa cidade para outra.

Estes foram os mais lindos episódios gratificantes desta série inenarrável das deleitantes AVENTURAS DE UM ADVOGADO.

Capítulo 39

Marcos e Kátia vão a Curitiba buscar a filha mais nova que padecia de enfermidade mental

Um dia Miriam telefonou para Marcos dizendo-lhe que Cíntia, a filha mais nova teria saído de sua casa e não sabiam onde ela teria ido parar, desde que tinha esse hábito desairoso e não seria essa a primeira vez que isso ocorria.

Viajaram, então para Curitiba, e, como Marcos conhecia bem Cíntia e sabia que ela adorava sua avó materna que residia numa linda fazenda de sua propriedade, dirigiram-se diretamente para esse local. E, lá chegando, realmente Cíntia lá estava, no amplo e belo jardim da avó, com enxada na mão a capinar os canteiros.

Ela como que tinha os olhos de quem, realmente, padecem de anomalia psíquica, dirigindo olhares fixos sempre para determinada direção, ou dirigidos quase que somente para o chão.

A avó de Marcos pediu, encarecidamente, que a levassem para para ser tratada adequadamente.

Assim foi feito. Trouxeram-na em sua companhia para tratá-la e a levavam sempre num hospital situado próximo da casa de Marcos, cujos administradores eram amigos íntimos de Marcos e Kátia.

Cíntia costumava ser incorporada por espíritos de comportamentos diferentes. Por exemplo, quando incorporava nela o espírito de uma pessoa que havia sido vitimada de acidente de veículo e quebrado as pernas, ela caminhava mancando. E, quando se perguntava o que tinha, respondia:

– Não está vendo?, estou com as duas pernas quebradas.

E, assim, quando era incorporada de outros espíritos manifestava-se com os problemas que elas padeciam quando vivas.

Cíntia teria sido, também dotada de espírito de adivinhação ou, também recebia incorporação de pessoa dotada dessa estranha virtude.

Assim que, quando vinha alguém em visita à casa, antes mesmo que batessem no portão, Cíntia avisava antecipadamente que fossem abrir o portão porque fulano chegou. Não havia qualquer duvida, abrindo o portão, realmente lá estava a pessoa de que Cíntia havia falado.

Além da medicação indicada pelos médicos do mencionado hospital, que, apesar de tudo não eram neurologistas, trouxeram, um dia, na casa de Marcos, uma senhora que era conhecida como benzedeira, a qual benzia Cíntia e ela sentia um grande alívio espiritual e dormia profundamente sem precisar tomar psicotrópicos. Essa senhora tinha uma filha adolescente, negrinha, que a trouxe para fazer companhia a Cíntia e que estas ficaram muito amigas, além de que havia sido dotada das virtudes espirituais da mãe e, também tinha o dom de benzer Cíntia e aliviá-la quando sentia distúrbios espirituais.

Vês por outra, quando Cíntia sentia distúrbios mais graves, Marcos a levava no hospital para receber medicação destinada a acalmá-la que se tratava de uma injeção psicotrópica. Num desses dias em que Marcos a levou para ser medicada, um jovem vendedor de medicamentos de uma distribuidora que sempre comparecia ali para vender medicamentos, tendo visto Cíntia, falou coisas impressionantes a Marcos, tal como:

– Sei que o senhor trouxe essa menina – chamou-a de menina por ter porte pequeno, embora tivesse ela cerca de dezoito anos e sentia-se fraca e magra – para ser medicada por causa de problemas mentais. Mas deixe-me dizer que vocês estão só perdendo tempo, porque esse tipo de tratamento não resolve o problema dela. Acontece que ela tem incorporada várias *entidades* que a perturbam constantemente. Sou médium e tenho capacidade de perceber essas *entidades* a que me refiro.

Torna-se necessário levá-la a Campo Grande em templos espíritas de mesa branca, preferentemente – e disse o nome de um deles onde era membro e médium, citando o nome da pessoa encarregada – tendo Marcos e Kátia acreditado nesse moço e, partiram, em seguida para Campo Grande, pois tinham o maior interesse na cura de Cíntia.

Dirigiram-se ao endereço indicado pelo rapaz e localizaram, desde logo, uma senhora que era a encarregada desse centro.

A qual solicitou que fossem ao centro espírita às dezoito horas que estariam ali à disposição.

Antes de prosseguir cumpre esclarecer que Marcos, embora tenha sido educado num lar de evangélicos da Igreja Presbiteriana Independente, até sua adolescência, mas que tendo cursado Ciências Naturais na Universidade do Paraná em Curitiba, anos antes de ter cursado Direito, e, que assim, tendo se tornado um cientista, teria, por isso, como que se materializado de tal maneira que afastou-se da igreja e, só excepcionalmente se dirigia em algum culto evangélico, salvo para eventual casamento de amigos ou a benzimentos de pessoas falecidas que recebiam nas igrejas antes de sepultamento. Ocorrendo coisa semelhante a Kátia que, tendo sido batizada como católica e confessando-se devota de Nossa Senhora da Aparecida, que até possuía uma imagem da santa, quase nunca comparecia, também numa igreja, salvo, excepcionalmente nas mesmas circunstâncias que Marcos.

Assim, dentro das doutrinações que Marcos assimilou incluiu a condenação aos hábitos dos espíritas, inclusive, consultas aos mortos. É, essa igreja que Marcos foi membro, era rigorosamente contrária ao espiritismo.

Lembrando-se Marcos, apesar de tudo, de recomendações registradas no livro de Deuteronômio, 18,11 e em outros do Velho Testamento: *"Não se achará entre vós... quem consulte as almas dos mortos, nem agoureiros, nem feiticeiros, nem adivinhadores..."*

Mas, como Marcos estava afastado da igreja a tantos anos, não estava muito preocupado com o que eles filosofam religiosamente a esse respeito, mas antes disso, entende que deveria tentar o tratamento que lhes foi recomendado por aquele jovem que tanto impressionou o casal.

Assim aportaram, até antecipadamente, no templo espírita, mas só Marcos entrou. Porquanto Kátia teve há muitos anos uma experiência terrível com uma sua irmã que, tendo freqüentado centros espíritas, certo dia foi incorporada por um espírito maligno que a fez aprontar a maior baderna dentro de casa, passando a quebrar móveis e a atacar aos familiares, bufando como animal selvagem e só foi solucionado o problema quando a levaram numa igreja

Menonita e, lá expulsaram dela o espírito maligno que nela havia incorporado.

Mas Marcos é dessas pessoas que não teme a nada, nem a tais tipos de espírito que, não tem lugar em sua mente para ser dominado por eles, além de nutrir poderosa fé em Deus, apesar de não freqüentar igrejas.

Assim, iniciados os trabalhos da sessão, como em qualquer igreja, depois de leitura de algum trecho da Bíblia, fazem lindas e inspiradíssimas orações e, momentos depois começam as incorporações de espíritos nos médiuns. No caso, seriam o espíritos que normalmente incorporavam em Cíntia. O primeiro deles consistia no motorista que teve as duas pernas fraturadas num acidente automobilístico, quando o espírito incorporado no médium punha-se a dialogar com a mestra da sessão, tendo ele relatado sobre o acidente de que foi vítima. Tendo a mestra determinado que abandonasse essa moça e a deixasse em paz, caso contrário iria receber severas punições.

Momentos depois outro médium incorporou o espírito de uma mulher idosa, muito doentia e problemática, muito palradeira, que vivia a reclamar das filas na Previdência social, nos hospitais, etc., sendo que a mestra mandou que ela abandonasse a moça e não mais a perturbasse e que não fizesse isso com mais ninguém sob pena de punição.

Ao que ela redargüiu que está sempre a fazer também, caridades.

– Mas que tipo de caridade que a senhora acha que tem feito.

Tendo ela respondido:

– Por exemplo, trouxemos o pai da moça neste templo e ele não pisa numa igreja há mais de dez anos.

– Pare com isso, – advertiu a mestra – você não pode ofender as visitas.

E insistiu mais uma vez que abandonasse o corpo da moça a partir desse momento.

Ao que ela redargüiu rebeldemente:

– Mas eu não consigo mais continuar sem estar incorporando nela.

– Então vai ser punida agora mesmo.

Passando a se ouvir gritos nos altos, ái, ái,ái,...

Como quem está levando uma surra. E, os gritos de ái...ái...ái... foram se distanciando para o alto, cada vez mais longe, até não ser mais ouvido.

Foi a coisa mais impressionante que Marcos viu e ouviu, em toda a sua vida.

Foram, ainda, uma segunda vez, a sessão espírita, quando aliás, ocorreram aquelas cenas impressionantes de que dizem ter a mestra dado uma surra na velha idosa que perturbava o espírito de Cíntia e que dizia não poder viver sem ela, e ter saído aos gritos e evaporado nas alturas. Ái... ái...ái...ái...

Acontecia nessas sessões que, pouco antes de os espíritos incorporarem nos médiuns, alguns deles davam urros horrorosos que não se sabia ser de voz humanas ou de animais selvagens, mas que Marcos nunca havia ouvido antes, e até imaginando tratar-se de voz de origem maligna e o médium que recebia o espírito a ser incorporado se retorcia terrivelmente e como que era empurrado chegava até a cair no chão, ocasião em que a mestra fazia advertências para que não maltratasse o médium.

Enfim Marcos percebeu que se tratava de inconfundíveis cenas diabólicas e entendeu que ali não era lugar para um cristão estar presente e prometeu nunca mais retornar ali, ainda que isso pudesse prejudicar o pretenso tratamento de Cíntia.

Mas, como existem coisas que parecem ser beneficiadas pela proteção Divina, enquanto acontecia essa última sessão a que Marcos comparecia, Deus teria enviado um anjo de guarda na pessoa de algum missionário evangélico e teria entregue nas mãos de Kátia um folheto religioso elaborado pela Igreja do Evangelho Quadrangular – CRUZADA NACIONAL DE EVANGELIZAÇÃO. No qual anunciava cujas milagrosas, inclusive eliminação de espíritos malignos. Tendo, então, Marcos passado a procurar e freqüentar essa igreja em Dourados e, dias depois, época da festas natalinas, foram a Maringá visitar os parentes e continuaram a freqüentar ali a filial da Igreja Quadrangular, quando membros dessa igreja colocavam as mãos sobre a cabeça de Cíntia e ordenava que os espíritos fossem expulsos. O que realmente conseguiram, pois depois de alguns dias Cíntia passou a dormir calmamente sem mais necessitar usar medicamentos relaxantes. Passou a tomar atitudes e comportamentos de pessoa adulta. Quando anteriormente comportava-se como se fora uma criança, que, costumava dizer..." quando eu crescer vou fazer isso e aquilo..." Não se banhava sozinha, necessitando o auxílio de Kátia para se higienizar adequadamente, lavar adequadamente os cabelos e assim por diante. A partir de então, dispensou a ajuda de Kátia para essas coisas. E até passando a fazer uso de vassoura para varrer, cera para passar no assoalho, enceradeira e tudo o mais. A lavar suas roupas e nas horas livres, a fazer crochê e tricô, quando pedia que lhe comprassem linhas. Assim como tintas para pintar, no que era exímia pintora, tendo freqüentado aulas na escolinha de belas artes na Prefeitura de Curitiba, na sua infância.

Nunca mais recebeu incorporações de espíritos, passando a viver calmamente sem perturbações espirituais.

Tendo, realmente ocorrido curas milagrosas graça a essa gente abençoada dessas igrejas ditas pentecostais. Das quais uma delas é a chamada Só Senhor é Deus.

Tendo Marcos e Kátia freqüentado a Quadrangular por longos anos.

Marcos lembra-se ainda de uma cena impressionante quando ainda Cíntia não havia sido curada. É que tendo Marcos viajado longe a serviço, na volta comprou um rosário lindo para presenteá-lo a Cíntia e, quando se aproximou dela para entregar-lhe o rosário, percebeu que ela afastou-se um pouco, como que assustada, dizendo:

– Viu? O que você fez? Espantou o diabo que estava me visitando.

– Foi quando Marcos, entregando-lhe o rosário – já que alguns parentes a haviam levado na igreja Católica e a batizado como católica. Apesar que na sua infância Marcos levava as duas filha na sua igreja, a mencionada Presbiteriana Independente, mas não as tendo batizado, porque Miriam nunca os acompanhava.

Então Marcos disse-lhe:

– Não faça amizade com o diabo. Faça com Cristo. E colocou-lhe o lindo rosário no pescoço.

Outra cena impressionante aconteceu quando, um dia, Kátia ajudava Cíntia se banhar e, depois do banho devia despejar sobre sua cabeça uma jarra com água onde havia previamente fervido uma trança de alho – por recomendação da mestra espírita que dizia que o mau cheiro do alho tem a propriedade de espantar os espíritos que pretendam incorporar na pessoa e os espanta. No momento em que Kátia apanhou a jarra para espargir a água na sua cabeça, Miriam abriu a boca, arreganhando os dentes e rosnando como um cão bravio e dirigiu-se em direção a Kátia para mordê-la, ao que Kátia ficou apavorada e gritou socorro para Marcos – que estava em casa.

Quando Marcos se aproximou de Cíntia, ela empalideceu e perdeu os sentidos e ia caindo, quando Marcos a segurou. Tendo voltado a si alguns minutos depois. Marcos teve a impressão que ela tinha sido incorporado e sua aproximação fez espantar o espírito. E, quando um espírito nessas condições abandona o corpo de pessoa, ela costuma perder os sentidos por alguns minutos. Aliás, essas cenas são muito comuns nas igrejas quando o espírito deixa o corpo da pessoa depois de ter sido ordenado. Tanto que é comum o membro da igreja ou o pastor, precisar amparar a pessoa nessas circunstâncias.

Antes, também de Cíntia ser curada ela costumava ter visões impressionantes. Por exemplo, certa vez, quando foram visitá-la num hospital psiquiátrico em Presidente Prudente,SP., quando estavam sentados no jardim do hospital, ela teve uma visão de que esta vendo sua irmã Rebeca e, em dado momento ela levantou-se rapidamente e foi ao seu encontro gritando:

– Rebeca... Rebeca...

Mas não viram ninguém.

E, no dia em que Marcos e Kátia foram a Presidente Prudente para apanhar Cíntia e irem passar festas natalinas em Maringá, ocorreu o seguinte.

Marcos e Kátia, que tinham viajado de ônibus dessa vez, tendo chegado em Presidente Prudente já anoitecendo hospedaram-se num hotel, num andar superior. No dia seguinte, pela manhã foram no hospital e apanharam Cíntia e a trouxeram para o hotel, para, depois prosseguirem viagem. Tendo ido de táxi no hospital e, ao chegarem no hotel desembarcaram Kátia e Cíntia e Marcos disse que iria aproveitar o mesmo táxi para ir até o rodoviário comprar passagens.

Quando Marcos retornou a hotel, já com as passagens, pois havia um ônibus que partiria pouco tempo depois,

Kátia contou a Marcos que, quando Marcos se aproximou do hotel, Cíntia que tinha um dom incrível de adivinhação, disse a ela;

– Arruma as malas depressa que o pai já chegou e está lá em baixo de táxi nos esperando.

Momentos depois Marcos entrava pelo quarto e Kátia lhe disse que Cíntia havia adivinhado que ele já havia chegado.

Com a cura de Cíntia, foi eliminado dela também o espírito que a fazia adivinhar e ela perdeu essa qualidade.

Marcos, então deu graças a Deus pela cura de Cíntia, porquanto, quando a visitava no hospital e a via sempre com o olhar fixo numa só direção, em condições idênticas a outros enfermos, tinha a impressão nítida que não passavam de autênticos mortos vivos, mais a vegetarem do que viverem.

Registrando-se nestas ultimas páginas mais algumas incríveis cenas das inenarráveis AVENTURAS DE UM ADVOGADO.

CAPÍTULO 40

Habeas corpus impetrado no Tribunal de Justiça de Cuiabá contra juiz de Corumbá

Fazia parte da clientela do escritório um importante empresário fazendeiro e dono de uma poderosa torrefação de café.

Tinha ele um irmão que administrava uma fazenda em Coxim. Tendo nos procurado para ver o que poderia ser feito em favor de seu irmão que vinha padecendo com a decretação de sua prisão determinada por um juiz da cidade de Corumbá. Isto porque um capataz da fazenda que administrava comprou algumas cabeças de gado que havia sido roubado de uma fazenda sediada em Corumbá, em cujas rezes fez ele remarcação do ferro da fazenda de seu patrão em cima da marca anterior que denunciava a origem. Cuja compra foi feita, como não podia deixar de ser, por preço convidativo muito inferior ao preço real de mercado. Ato de malandragem que o capataz fez sem informar ao administrador.

Tendo o assunto chegado ao conhecimento do delegado este determinou diligências incluindo perícia para detectar e fotografar as remarcações que, facilmente, a olho nu, denunciavam o ato ilícito. Com aplicação, ainda de irradiações especiais e fotografadas com detalhes amplos condenatórios da remarcação. Perícia impecável e muito detalhada. Encaminhado tudo pelo juiz de Coxim ao de Corumbá, em cuja jurisdição deu-se o roubo de gado e onde tramitava o processo.

Fotocópias completas do processo de Coxim foram providenciadas pelo mencionado administrador dessa fazenda e, ao invés de incriminar o capataz, autor dos atos ilícitos, o processo foi endereçado ao administrador.

Marcos aceitou a assessoria, recebendo já, adiantadamente, boa soma de honorários, e partindo em viagem para Corumbá e levado Kátia consigo por ter sido informado tratar-se de uma viagem turística muito convidativa.

Foram de carro até Campo Grande e, tendo guardado o carro num estacionamento, prosseguiram de trem de ferro pela ferrovia que demanda a Corumbá, tendo alugado uma cabine para dormirem confortavelmente e, aproveitarem para se relacionarem fartamente. O trem partira à noite, viajaria a noite inteira e chegaria ao amanhecer em Corumbá.

Despertaram ao clarear do dia e passaram para o vagão de primeira classe para melhor apreciarem tudo em ambas margens da ferrovia. Passando a deslizar o trem velozmente, podendo ver-se, ainda que de relance numerosas capivaras, jacarés de todos os tamanhos, antas, aves enormes voando, de tipos e cores diversas, águias, bandos de marrecos, garças, cegonhas, umas voando, outras postadas no solo, alguns jaburus ou tuiuius, como chamam por essas bandas. Dentre as múltiplas capivaras, algumas se fazem acompanhar de filhotes muito graciosos, um dos quais estava agarrado na teta da mãe. Estando esses animais habituados com a passagem do trem, não mais se amedrontam com a sua aproximação, muitos dos quais postando-se a olhar para essa enormidade de trem, como que admirado. Algumas harpias e águias enormes ficam postadas nos galhos das árvores, com olhares fixos, como que a fiscalizarem tudo o que acontece, deixando a impressão de que elas é que mandam em tudo, aparentando serem dotadas de elevadas personalidades, tendo razão aqueles que adotaram suas imagens como símbolos militares desde os gregos e romanos, assim como o exército nazista que carregavam broches com seus emblemas.

Em dado momento o trem desliza sobre a extensa ponte de mais de dois mil metros sobre o Rio Corumbá, chegando, alguns minutos depois nessa cidade turística repleta de hotéis, alguns de dezenas de andares, vendo-se muitas ruas não pavimentadas de cor branca por ser arenosa, cuja cor define a tez de muita gente dessa cidade, lembrando alemães, italianos e outros europeus, havendo, realmente muitos descendentes dessa gente de cor branca, por assim dizer.

Dirigimo-nos a um hotel e alugamos um táxi para melhor poder conhecer a cidade, tendo passado pelos velhos prédios da Marinha, hoje praticamente desativada, quando em tempos idos foi centro de grande mobilização de transporte fluvial. Remanscendo, hoje, ao muito, esporte aquático onde abundam lanchas conhecidas por voadoras e eventuais barcos que ainda fazem fretes de produtos da região, destacando-se calcários onde medram respeitáveis jazidas que representam importante fonte de da região.

Dirigiram-se, finalmente ao fórum para fotocopiar o mencionado processo e instruir o pedido de *habeas corpus* já mencionado.

Porquanto era entendimento de Marcos que, não obstante o roubo de gado tivesse ocorrido na jurisdição dessa comarca, nem por isso o ilícito penal ocorrido em Coxim deveria ser da competência do Juiz Criminal de Corumbá, mas sim do Coxim, onde ocorrera o que se diz habitualmente, o distrito da culpa. E que, assim sendo, o juiz competente para decretar prisão que se mencionou seria o de Coxim e não o de Corumbá. Casos em que o Tribunal deveria revogar a prisão decretada por incompetência de juízo – *incompetentia ratione loci*.

Depois de mais alguns passeios, embarcariam no próximo trem em direção a Campo Grande.

Apanhando o carro foram embora de volta para Dourados e, elaborando o *habeas corpus*, Marcos viajou para Cuiabá, agora de ônibus, a título de economia. Dirigindo-se ao Tribunal de Justiça que, nesse tempo sediava-se no centro da cidade, embora já viessem se mobilizando para mudarem-se para o Centro Cívico no novíssimo Palácio da Justiça.

Tendo Marcos sido bem sucedido com a revogação da decretação de prisão, não só por incompetência de Juízo, mas também porque havia sido endereçado, injustamente para o administrador da fazenda, enquanto as fotocópias do inquérito respectivo indicava como réu o capataz e não o administrador.

Assim, tendo sido lavrado mais um tento a favor e Marcos, registrando-se, assim, mais esses empolgantes episódios das inenarráveis AVENTURAS DE UM ADVOGADO.

Capítulo 41

Uma incrível tocaia fatal

É preciso desconfiar muito quando um colega advogado nos recomenda um cliente ou procura transferir alguma causa para a gente, porque é muito fácil tratar-se de causa envolta de perigos.

Um dia, um colega nipônico de descendência nos solicitou para assessorar a um seu cliente que residia em Ponta Porã, justificando que não poderia atendê-lo porque iria viajar para Porto Alegre e demorar alguns dias.

Necessitaria viajar a Ponta Porã e apanhando lá o cliente, viajar com ele até Palotina, Paraná, onde iriam estar reunidos mais dois sócios dele. Sendo que a assessoria consistia em os orientar para desfazerem uma comunhão de várias propriedades rurais e outros bens que eles possuíam em comum e que desejavam repartir esse patrimônio para definir com precisão quais os bens que caberia a cada um deles.

Trata-se do dono de uma fábrica de carrocerias daquela cidade. E que estava sem carro.

Partimos, então para lá e, apanhando o Antonio – que era seu nome – seguimos viagem para Palotina, no Paraná, onde seus dois sócios já o esperavam. Pediu ele que nos hospedássemos, antes, num hotel e assim foi feito.

Feita a exposição e exibidas a documentação relativa aos imóveis, passou-se a discutir sobre as preferências de cada um nas escolhas dos imóveis que cada um mais apreciasse e feitas as propostas, depois de tudo acertado Marcos providenciou a documentação que entendeu necessária para definir o problema.

O que revelou-se, aliás, muito fácil e dentro de poucas horas estava tudo pronto. Tendo, assim, sido feitas as despedidas e cada um partindo para seu lado.

Era por volta das seis horas, tendo Marcos e Antonio passado no hotel para apanhar as bagagens, quando Antonio pediu que Marcos pagasse a hospedagem que depois ele restituiria, alegando que não havia pegado dinheiro. Tendo Marcos desembolsado o pagamento. Partiram e Marcos passou por um posto de gasolina para abastecer o veículo. Tendo entregue a direção a António alegando que estava com sono e não deveria dirigir.

Tendo estacionado ao lado de uma bomba de gasolina.

Surgindo, a seguir, um frentista que começou a passar um pano no pára-brisa, antes de mais nada. Mas, em dado momento, abriu o pano e tirou de dentro um revólver e disparou à queima roupa em Antonio, o que não foi visto por Marcos que estaria olhando do outro lado para uns funcionários que estavam a recolher óleo queimado num caminhão tanque.

Mas, com o estampido – meio surdo do revólver – Marcos virando-se, perguntou:

– O que foi isso? Vendo Antonio tapando a garganta com a mão e a dizer:

– Ái, doutor, me mataram! O pistoleiro havia dado um tiro certeiro na direção da garganta mas que foi direto no coração de Antonio. Tendo Marcos visto o pistoleiro com a arma na mão, a correr ao longo do posto em direção a um Volks branco que já o esperava.

– Onde está teu revólver? Indagou Marcos porque sabia que Antonio andava armado.

Era intenção de Marcos apanhar o revólver de Antonio para se defender, e a Antonio, se fosse necessário.

Ao que Antonio, que tapava o furo da garganta com a mão direita, para não espargir sangue, trocou pela mão esquerda e, com a direita apanhou o revólver que estava no porta-luvas, descendo do carro e encaminho-se na direção por onde foi o pistoleiro para tentar alvejá-lo com tiros. Mas era tarde porque já se ouviria o roncar violento do Volks branco a cantar pneus. Antonio sequer apontou o revólver na direção deles.

Marcos abrira a porta do carro e postou-se atrás dela, como que a proteger-se de eventuais outros disparos.

Mas, depois de ter ouvido o acelerar violento do carro dos pistoleiros e, vendo que Antonio vinha voltando com o revolver na mão, cambaleando como quem está bêbado, correu em seu socorro e, apanhando o revólver da mão dele o colocou na cinta e o apanhou colocando um de seus braços sobre o ombro, segurando uma das suas mão com sua mão esquerda, o amparou pela cintura com a direita, passando a conduzi-lo para o carro, mas a certa altura ele desfalecia e Marcos teria que arrastá-lo já que sequer parava mais em pé, cujos pés, aliás, vinham sendo arrastados. Felizmente Antonio era pequeno e franzina o que não representou obstáculo para Marcos que era muito maior e vigoroso.

Chegando, finalmente no carro. Nesse momentos, surgiram os funcionários do posto que teria visto tudo e vieram ver se podiam ajudar. Quando Marcos dirigindo-se a eles, disse:

– Me ajudem a colocar o corpo dele no acento traseiro; vou levá-lo a um hospital. E, informando-se com eles a direção do hospital para lá se dirigiu Marcos apressadamente. Mas chegou branco, lívido, muito ensangüentado, com aparência de que já havia morrido.

Tendo Marcos entrado apressadamente e pedido aos enfermeiros que o ajudassem a carregar Antonio, tendo sido trazido uma maca. E Antonio foi colocado sobre uma mesa.

Um médico muito jovem colocando o estetoscópio em Antonio, retirou-o imediatamente do ouvido, dizendo:

– Este homem está morto! Tirem-no daqui!

– Negativo, doutor! Redarguiu Marcos! é o senhor que vai atestar-lhe o óbito a pedido do delegado que vou mandar chamar imediatamente. E não se trata de nenhum mendigo. Eventuais despesas serão pagas pelo seu sócio que reside na cidade.

E ligou a seguir ao delegado, contando-lhe sucintamente o que ocorreu, pedindo que trouxesse o escrivão e uma folha de Laudo de óbito pra ser elaborado o laudo médico. Pedindo que trouxesse, também agentes para irem ao posto de gasolina conferir com o pessoal de lá o que teria acontecido. Porquanto Marcos tendo chegado sozinho no hospital com um homem morto dentro do carro era fácil suspeitar-se de que ele o havia matado.

Marcos telefonou para o sócio de Antonio que viesse ao hospital, depois de ter-lhe contado o ocorrido. Chegando, ele prontificou-se a trasladar o corpo de Antonio para Ponta Porã logo que liberado. E, tendo oferecido carona a Marcos em seu avião, e que mandaria um seu empregado levar seu carro para Dourados. Mas Marcos suspeitava que esse sócio pudesse ser um dos mandantes e que, se assim fosse, sua intenção seria a de jogar Marcos de cima do avião nas selvas, como queima de arquivo. Desculpando-se de que precisaria passar antes por uma cidade para ver processo em andamento.

Chegando o delegado minutos mais tarde, Marcos tirou o revólver da cinta e lhe entregou, passando a contar-lhe tudo sobre a tocáia que lhe haviam preparado. Tendo o delegado pedido licença para revistar Marcos, o que foi feito. Passando, em seguida a examinar as bagagens, de Marcos e depois a de Antonio, tendo encontrado um pequeno arsenal de inúmeras balas de revólver explosivas – dum dum. Além de dois portes de arma.

Marcos dissera ao delegado que era graduado em Curitiba e que teve banca próximo dali, em Assis Chateaubriand, de onde partira há poucos meses para Dourados.

Dirigiram-se, a seguir para a delegacia para Marcos prestar depoimentos. Tendo o delegado deixado Marcos à vontade para ditar diretamente ao escrivão o que teria acontecido. Afinal, como advogado sabe muito bem como fazer isso.

Terminado os depoimentos o delegado disse a Marcos que confiava na sua pessoa que inspirava a maior confiança e não criaria nenhum problema em liberá-lo. Mas com a condição de que, se precisasse mais informações seriam elas solicitadas por precatória aos colegas de sua cidade. Tendo Marcos entregue um cartão seu para efeito de endereço.

Despedindo-se do escrivão e do delegado, solicitou que ele emprestasse um agente para o levar até o posto de gasolina para esguichar água na sangueira que o falecido havia deixado sobre a poltrona traseira e no assoalho. E, Marcos não poderia ir sozinho no posto com esse problema, senão amparado por um policial.

Pedindo, ainda a eles, que não informassem a ninguém que Marcos seguiria por outro caminho, ou seja, em direção a Presidente Prudente, por precaução pois temia possibilidade de alguma represália de parte dos mandatários da tocaia.

Tendo Marcos, a seguir, partido o mais velozmente possível, embora já estivesse anoitecendo.

Marcos, enquanto rodava pela rodovia passou a lembrar-se do que o vitimado Antonio havia lhe falado antes, pois tratava-se dessas pessoas que, como dizia seu falecido pai, *não tem papa na língua* e que vive a falar coisas de que devia silenciar-se. Assim Antonio havia dito a Marcos que, inclusive tinha dívidas de jogo num cassino de Pero Juan Cabalero, que não tinha pago e que eles costumam mandar matar quem tem dívidas de jogo e não pagam. E, tempos depois Marcos ficou sabendo que Antonio tinha fama de velhaco. Portanto, sua vida estava a correr risco de que mandassem matá-lo, e, como realmente aconteceu. Dissera-lhe mais Antonio, que eles, antes, recebeu um recado de alguém da gang aconselhando que ele acertasse seus problemas com seus sócios, porque a vida de um deles estava na lista dos que deveriam ser *liquidado*. Mas, dissera ainda, que, quando alguém recebia um tal tipo de recado, na verdade não havia perigo para qualquer outro de seus sócios e sim, para quem recebe o recado. Que no caso, tratava-se da sorte de Antonio e não de outros sócios dele. Só então, Marcos imaginou as razões porque o mataram. Sendo óbvio que já estariam no encalço de Antonio, bastante informados de seus planos e destinos. Tendo sido fácil localizá-lo.

Nem bem havia rodado duzentos quilômetros e furou um pneu, tendo Marcos sido obrigado a trocá-lo no mais absoluto escuro, pois não tinha lanterna, sequer fósforos ou isqueiro pelo fato de não padecer, Marcos, do vício de fumar.

Cada veículo que passava Marcos imaginava tratar-se de eventuais inimigos ao seu encalço.

Cumpriria, depois, parar no mais próximo posto de gasolina para procurar borracheiro e consertar o pneu furado. Precisou, entretanto passar dois ou três postos até encontrar um onde houvesse borracheiro de plantão.

Mais algumas centenas de quilômetros vencidos e novamente aconteceu o mesmo com outro pneu. Tendo Marcos de repetir a perícia desagradável novamente, mas dessa vez foi possível chegar num posto de gasolina onde houvesse iluminação. Tendo então, Marcos estacionado e, antes de trocar o pneu preferiu dormir porque estava com muito sono. Tendo procurado um lugar mais afastado possível que não pudesse ser visto por quem passasse pela estrada.

Tendo amanhecido o dia, Marcos procurou um borracheiro para a troca de pneu e devido conserto. Desta vez, informando dele uma loja onde comprar pneus novos e, por sorte estava bastante próxima da cidade, onde Marcos comprou dois pneus novos, substituindo pelos mais carecas como o dono do carro.

Quando Marcos passou por Maringá, onde moravam seus pai e uma irmã, sequer parou para visitá-los, preocupado em chegar em casa o mais rápido que pudesse. Tendo estacionado na próxima cidade a seguir, para reabastecer.

Desceu, então, para ir ao banheiro, inclusive lavando o rosto para se reanimar, sendo a água fria ótimo lenitivo para esse fim.

Enquanto aguardava ao frentista terminar o abastecimento, ouviu, quase à queima roupa, um tiro PUUUMMM !!! Marcos levou um enorme susto, dando até um pulo. Ouvindo, a seguir uma gargalhada de um pivete qualquer que havia jogado uma bombinha bem perto dele para o assustar.

Mas, tendo visto o susto enorme e o pulo que deu Marcos, o garoto pôs-se a correr velozmente, não sem ouvir alguns impropérios de Marcos:

– Seu filho da puta! Vai jogar bombinha na puta que o pariu, e fazendo como quem corria atrás do guri. O qual deve estar correndo ainda até hoje.

Marcos ficou algum tempo com o coração a pular e até foi tomar uns goles de água.

Prosseguindo tão logo acalmou-se. Algumas horas depois atravessava a longa ponte divisória de Estados, entrando, então no Mato Grosso, passando a ver, de ambos lados da rodovia muitas árvores de ipê florido amarelo.

Com o correr dos tempos, cada vez que Marcos vê uma dessas árvores de ipê amarelo, como reação de associação de pensamento, Marcos como que ouve a última frase daquele pobre moribundo:

– *Ái, doutor, me mataram!* Frase essa que Marcos jamais se esquecerá enquanto viver.

Chegando, finalmente em casa, Kátia veio correndo encontrá-lo, dizendo:

– Puxa querido, como demorou tanto desta vez! Até pensei que alguma coisa ruim poderia ter acontecido.

Marcos silenciou-se, por enquanto, de contar-lhe o que aconteceu. Mas chegou decidido a mudar-se desse lugar, temeroso de que gente da gang daquela cidade pudesse procurá-lo para *apagar arquivo* que pudesse testemunhar sobre a tocaia encomendada contra seu cliente. Tendo passado a andar rigorosamente armado com aquele revólver que havia recebido do paraguaio de Caarapó. Bem como a dormir com ele em baixo do travesseiro. Tendo ordenado a Kátia que não abrisse o portão ou a porta sem saber com segurança de quem o procurava.

Marcos não conseguia ocultar adequadamente suas reações traumáticas e, até, vez por outra acordava com pesadelos de que alguém o perseguia.

Kátia percebia tudo e desconfiava que se tratava de alguma *coisa ruim*, como ela falara logo de sua chegada. Mas não quis insistir para que Marcos lhe falasse, pois sabia que no devido tempo ele lhe contaria tudo. Como, aconteceu, ao cabo de uma semana depois. Mesmo porque Marcos continuava pensando em mudar-se de Dourados para sua segurança. Da mesma maneira de que quando mudaram-se de Pato Branco. Mas Marcos relutava um pouco porque estava sendo bem sucedido nessa cidade.

Finalmente, Marcos contou tudo a Kátia, nos mínimos detalhes, tendo ela também ficado horrorizada. Entretanto, quando Marcos pensou em mudar-se de Dourados por essa razão, Kátia lhe disse que achava que não tinha cabimento o seu temor porque, se ele estivesse na lista do pistoleiros o tinham matado naquele mesmo dia com a mesma facilidade com que fizeram com seu cliente.

Tendo Marcos se admirado de que isso coincidira com o mesmo que lhe havia falado seu sócio, ao qual contou tudo no mesmo dia em que voltou. Quando Marcos havia falado a seu sócio que tinha pensando em contratar um guarda costa para sua segurança. Ao que ele observou que pouco adiantaria contratar um segurança porque dificilmente alguém escapa de uma tocaia bem planejada, mesmo tendo segurança para proteção.

Mas uma providência Marcos iria tomar logo, trocar o Volks por outro carro. Isto porque, tendo o acento traseiro sido banhado de sangue do falecido, assim como o tapete do assoalho, por mais que fosse tudo bem lavado e usado detergentes, quando secava retornava ainda o odor de sangue que fica como que impregnado e, esse odor fazia Marcos estar a lembrar desse episódio lamentável. Marcos pensou, então, em trocar o Volks num carro americano que oferece maior proteção.

Assim, poucos dias depois viajaram para Curitiba e lá dirigindo-se a uma garagem trocaram o Volks num lindo carro americano, marca Chevrolet Belair, com pouca quilometragem que pertencia a um dos diretores de uma refinaria de açúcar e que o usava muito pouco porque residia muito perto do escritório de sua empresa. E ainda voltaram um pouco de dinheiro a Marcos, pois tratava-se de velhos amigos. O relógio marcador quilometragem registrava apenas cerca de cinqüenta milhas americanas rodado. Menos de cem mil quilômetros. Chegava a cheirar ainda, por dentro, carro novo. Estofamento lindíssimo e tudo em estado de como havia saído da fábrica. Desenvolvia altas velocidades, se necessário. O que não ocorria com o Volks, cujo dono anterior havia trocado o jiclê por um de carro de menos cavalagem para economizar combustível. Tanto assim, que quando Marcos retornara naquele dia fatídico, ao passar por Presidente Prudente resolveu checar na concessionária da Volkswagem a razão pela qual o carro não desenvolvia velocidade superior a oitenta por hora. E, examinado o jiclê, que era inadequado, colocaram o que era recomendado, passando ele a desenvolver alta velocidade facilmente. Tendo sido superado o problema nesse sentido.

Tendo voltado para Dourado com um dos carros mais lindos que rodavam pela cidade. De linda cor azul celeste metálica.

Assim, tendo Marcos acatado os pensamentos de Kátia e de seu sócio afastou de seus planos de mudar-se, mesmo pelo fato de que vinha sendo muito bem sucedido nessa cidade.

Registrando-se, nestas últimas páginas, episódios inacreditáveis que ilustram estas inenarráveis AVENTURAS DE UM ADVOGADO.

CAPÍTULO 42

Reflexos da tocaia fatal

Poucos dias depois dos episódios narrados no capítulo anterior, um dia, quando Marcos sequer imaginaria poder acontecer, recebe no escritório a visita desagradável da viúva do falecido Antonio, com a finalidade, inclusive de receber uma pequena importância que sabia que Antonio era credor e que lhe dissera, antes de viajar, que iria entregar ao advogado uma nota promissória relativa ao crédito que tinha do emitente que residia em Toledo, Paraná.

Efetivamente, quando Antonio foi nessa sua última viagem em vida, entregara uma pequena nota promissória de valor inferior a R$2.000,00, que Marcos ajuizou no fórum de Toledo quando de ida a Palotina. E, alguns dias depois a recebeu, por correspondência enviada pelo escrivão daquele fórum o valor da mesma, com acréscimo de custas e honorários. Sendo que esse valor recebido correspondia a cerca de uma quinta parte dos honorários que havia contratado com Antonio relativamente à assessoria que havia prestado a ele e seus sócios.

Essa senhora fazia-se acompanhar de um homem tipo mal encarado que aparentava ser como que um pistoleiro, desse que está habituado a fazer cobranças na marra. Desses que estão olhando mais para o chão, ou dos lados, mas que evitam de encarar a pessoa com quem está tratando.

Tão logo chegou, e começou com insinuações indiscretas a perguntar que eu havia residido antes em Assis Chateaubriand e que trata-se de cidade bastante próxima de Palotina, tendo ainda ouvido falar que lá existem muitos pistoleiros profissionais, como que a insinuar que Marcos é que deveria ter contratado pistoleiros para matar Antonio. Depois de mais algumas insinuações propendentes a querer incriminar Marcos, este a interrompeu dizendo:

– Seu marido foi tocaiado provavelmente pela gang do cassino onde ele havia confessado que tinha dívidas de jogo não pagas e, teria, sido antes, advertido por eles que acertasse logo seus negócios com seus sócios porque iriam matar um dos sócios deles, sem dizer qual deles. Mas, seria, obviamente Antonio porque estava devendo a eles e não havia pago. E que eles não perdoam quem faz isso, mandando matar o devedor desonesto. Tendo eles como princípio de quem não paga com dinheiro paga com a vida.

Momento em que ela interrompeu e disse que sabia que ele devia muito no cassino porque era muito viciado no jogo, não saía de lá e, sempre que perdia assinava letras garantindo a dívida. E que contava tudo isso a ela e vivia muito preocupado porque devia pequena fortuna a eles e estava meio arruinado financeiramente, sem ter como pagar.

Tendo Marcos dito também a ela que nem sequer conhecia seu marido e que por isso nada poderia ter contra ele. Que, quem o conhecia era seu advogado que pediu para Marcos ir atender ao que eles precisavam. Inclusive acredita que esse seu advogado teria pedido que Marcos o atendesse por saber, como seu amigo, que Antonio não tinha dinheiro para lhe pagar honorários e que esse advogado só atende quem lhe paga honorários adiantadamente. Por isso mentiu que precisaria viajar e que por isso não podia atendê-lo. No caso, disse Marcos que ela necessitaria fazer inventário decorrente do falecimento de Antonio, e que, se fosse preciso ele o faria.

Que seu marido morreu sem poder pagar os honorários que haviam contratado, mas que se ela tivesse como pagar, que Marcos aceitaria que lhe pagasse. Nem sequer pagou combustível e despesas de viagem e de hospedagem, que Marcos teve de pagar até o pernoite dele porque estava sem dinheiro. E que por isso, quando recebeu o dinheiro relativo às promissórias que ajuizou,achou justo ficar com esse dinheiro para reembolso das despesas que fez nessa viagem.

Terminando por lhe dizer quais foram suas últimas palavras:

– *Ái, doutor, me mataram!* E que seu marido morreu em seus braços sem poder falar mais nada. Que Marcos ficou muito penalizado com o que aconteceu a ele, pondo-se a chorar, novamente. Tendo ela também passado a chorar.

E, pedindo muitas desculpas a Marcos, despediu-se e foi embora para nunca mais dar notícias.

Ficando aqui registrado mais esse episódio impressionante a ilustrar estas incríveis AVENTURAS DE UM ADVOGADO.

Capítulo 43

Uma carona problemática

Um antigo cliente de Marcos que teria sido antes proprietário de um dos postos de combustíveis de Dourados, mu-
dara-se para a cidade paulista de Mirante do Paranapanema.

Certo dia esse cliente ligou para Marcos dizendo que
necessitava da sua presença urgente em sua cidade para ver
o que poderia ser feito no sentido de amenizar-lhe os prejuízos que estava prestes a sofrer como decorrência de um
leilão de gado se que havia sido expropriado numa execução
mobilizada por uma multinacional de petróleo. Sendo certo
que parte do valor ajuizado já teria sido pago anteriormente,
do que ele possuía comprovantes. Assim a execução pela
sua totalidade representava uma injustiça. A alegação dos
pagamentos efetuados dessa execução deixou de ser argüida
pelo inexperiente advogado que ele havia contratado.

Tendo Marcos viajado naquela direção no veloz e lindo
Chevrolet Belair, do qual se ouvia somente o zunir dos pneus
atritando no asfalto, duma rodovia de asfaltamento impecável. Os rebanhos de nelore branco iam deslizando múltiplos
pelas numerosas fazendas situadas de ambos lados da rodovia.

Manchas amarelas de ipê florido despontavam aqui e acolá, fazendo Marcos relembrar o desafortunado Antonio. Tratava-se de uma impressionante associação de idéias entre a floração amarela dos ipesais com aquela triste ocorrência porque, quando Marcos voltara daquela fatídica missão a floresta estava repleta de copas dessas árvores, como já foi dito antes.

Vez por outra quando Marcos olhava para as selvas vinha-lhe na memória as selvas virgens das terras de seu pai de São José dos Bandeirantes, bastante diferente dessas savanas de pouca altura, porque naquelas selvas existiam enorme perobeiras, cedros e outras árvores enormes como figueiras gigantecas; chegava até ouvir o murmúrio do Ribeirão São José miscigenado com a algazarra da passarada que lá existia. Lembrava-se da companhia de seu inseparável irmão a correrem ambos no lombo do fiel Bragado, estimado cavalo turdilho que possuíam;as frutas abundantes do amplo pomar, os rolos de cobra que abundavam naquela região. Ah! quanta saudades daqueles tempos que não voltam mais!

Depois de cerca de duas centenas de quilômetros surge repentinamente uma barreira da polícia federal com policiais a checarem todos os veículos. Marcos havia dado carona a dois rapazes que demandavam a Campo Grande, e voltavam de uma pequena cidade situada pouco antes dali, os quais tinham ido visitar uma irmã que dera à luz uma criança.

Marcos estacionou e o policiais mandou que descessem todos, pedindo documentos pessoais e do veículo. Marco a princípio achou que teria ultrapassado a velocidade permitida, mas não era o caso. Depois de uma revista rigorosa que Marcos já estava para perder a paciência, pois tinha hora marcada com seu cliente, indagaram onde Marcos morava. Tendo respondido e entregue um cartão seu cartão. Virando-se para os rapazes e pedindo documentos, estes não possuíam, como é comum a adolescentes.

Indagaram deles de onde estavam vindo e o que estavam fazendo. Tendo eles informado que retornavam da Vila Vargas, próxima dali, voltando da visita que fizera à irmã de ambos que houvera ganhado criança.

Que eram estudantes e moravam em Campo Grande.

Afastando-se ambos policiais um pouco a confabularem, retornaram e disseram a Marcos que o liberaria, mas que precisavam deter o menores. Pois eles estavam à procura de menores que estariam voltando de Pero Juan Cabalero com muamba de droga e, esses rapazes tinha aparência daqueles que estavam sendo procurados. E, como não podiam se identificar, somente os liberaria depois de os levar ao lugar de onde vieram e confirmar a versão dos mesmos, para, só então o liberar.

Assim, embora tenhamos motivos de suspeitar do senhor que está dando carona para esses rapazes não documentados, mas preferimos acreditar na sua palavra, liberando-o.

Despedindo-se de Marcos e levando os adolescentes em sua companhia.

Uff! pensou Marcos me livrei de boa. Nunca mais vou dar carona a ninguém.

Avançando um pouco, Marcos examinando o processo verificou que o laudo de avaliação datava-se de vários meses e que, com a inflação galopante que assolava o país, revelava-se defasado, a exigir atualização no sentido de prevenir prejuízo considerável ao executado. Tendo, assim, ido com o cliente em Presidente Prudente visitando dois frigoríficos onde munir-se de valores atuais para compra de gado.

De retorno requereu ao juiz reavaliação cujo laudo constante nos autos revelava-se desatualizado e, se realizado

o leilão nessas circunstâncias, redundaria em vultoso prejuízo ao executado, o que é coibido pelo código que estabelece
ser a execução o menos onerosa possível ao executado, de
maneira e prevenir prejuízo contra o mesmo.

Tendo o requerimento sido deferido liminarmente,
com o sobrestamento do leilão que seria redesignado para
data futura.

Fotocopiando o processado, Marcos dirigiu-se com o
cliente a Campo Grande, na multinacional, munidos dos
documentos confissórios de parte do pagamento da dívida,
tendo celebrado acordo com prazos vantajosos ao cliente,
desonerando, assim, o gado penhorado, cuja penhora foi le-
vantada a pedido da exeqüente.

Despedindo-se, então, Marcos, depois de ter recebido
generosos honorários.

Registrando-se, aqui, mais um sucesso profissional en-
cartado nestas AVENTURAS DE UM ADVOGADO.

Capítulo 44

Aventuras em Nova Andradina

Pedro, o parente de Marcos que o trouxera para Dourados, acabara de vender a Casa do Sal e estava de mudança para Paranavaí, Paraná, onde possuía ampla e agradável vivenda.

Tendo vindo contar tudo para Marcos e o convidar para voltar para o Paraná onde continuaria precisando de sua assessoria.

Acrescia, nessa oportunidade, o fato desairoso de que a cidade, estava infestada de estagiários que cursavam Direito nas duas faculdades locais a oferecerem assessoria jurídica a preços irrisórios, o que não deixava de representar uma concorrência desleal, perniciosa, e que carreava grande parte de clientes aos mencionados futuros advogados.

Marcos, que entendia que na maioria das cidades do Paraná, esse tipo de concorrência de parte de estagiários, era muito mais grave devido ao número muito maior de faculdades de Direito espalhadas por todo o Estado e por regiões do Estado de São Paulo. Casos em que preferiria, apesar de tudo, continuar advogando no Mato Grosso, onde obviamente as probabilidades de sucesso profissional é muito maior.

Assim, depois de meditar cuidadosamente decidiu, nem voltar para o Paraná, e nem deixar de procurar estabelecer-se o mais próximo possível de Paranavaí, casos em que a cidade eleita mais próxima de Paranavaí, foi a de Nova Andradina, distante a pouco mais de uma centena de quilômetros de Paranavaí.

Havia uma outra cidade dessa região, Navirai que aparentava ser mais convidativa para advocacia, porém afamada por ser antro de pistoleiros perigosos. Tanto assim que um dia alguns deles metralharam, numa lanchonete, o delegado da cidade e uma pessoa que era filho de gente amiga, vizinhos de Marcos e, Kátia tinha muito medo de morar nessa cidade. Restando, assim, como que única opção, Nova Andradina, para onde decidiram se mudar.

Tendo vendido a casa de Dourados e, alugado casa e escritório.

Sendo que, dentro de poucos dias Marcos patrocinou uma causa cujo cliente deu a Marcos, como parte de pagamento um amplo terreno urbano, onde Marcos deu início à construção de uma casa, passando a investir parte do dinheiro resultante da venda da casa de Dourados. Tendo, também, acontecido que Marcos recebeu uma ligação de um colega advogado de Assis Chateaubriand o qual o chamava para comparecer nessa cidade para fechar negócio da venda de sua casa que lá deixara. Que, para resumir o assunto, recebeu, na venda um carro marca Volksvagem de apenas dois anos de uso, portanto semi-novo. Para o que seguiria de ônibus para poder trazer o Volks rodando com o mesmo.

De retorno Marcos fez rolo do Volks com o dono da casa de matéria de construção onde vinha comprando mercadorias para construção da sua casa.

Assim, pouco meses depois, já entravam na casa, embora precisasse ainda de acabamentos.

Como na casa de Assis Chateaubriand, as instalações elétricas e de água foram feias por Marcos mesmo. Bem como os assentamentos de tacos de madeira, igualmente por Marcos e Kátia, assim como as lajotas do piso da cozinha e do banheiro.

Na sala também foi feito uma lareira que, não só serve para aquecimento no inverno como de enfeite, sobre a qual foi colocada a televisão. No quarto do casal, uma suíte, ficando, assim, a possuir dois banheiros.

Os lotes desse loteamento eram amplos, medindo vinte metros de frente por quarenta de fundos, autêntica chacrinha. Onde foram planadas diversas árvores frutíferas formando um lindo pomar.

Uma cozinha caipira fora feita nos fundos, com fogão à lenha e churrasqueira, sendo que Kátia usava mais o fogão à lenha do que o de gás. Uma firma madeireira cliente do escritório fornecia restos de madeira para o fogão de lenha.

Nessa cidade havia vários lugares com pequenos riachos para recreio, banharem-se ou pescar lambaris.

Júnior já contava, a essas alturas com cerca de dois anos.

O escritório, embora não tivesse a mobilização do de Dourados, nos bons tempos, mas rendia o suficiente para se trazer para casa o pão de cada dia.

Pedro, vez por outra chamava Marcos para dar-lhe serviços em Paranavaí e em outras cidades, pondo Marcos a viajar vez por outra. Incluindo uma firma atacadista de

Londrina que entregava borderôs de cobrança em cidades diversas, até na região de Ourinhos.

E o barco de Marcos, assim, continuava singrando suavemente pelos mares da vida, levando-o a somar incontáveis AVENTURAS DE UM ADVOGADO.

CAPÍTULO 45

Dois presos liberados por Marcos num dia são metralhados no dia seguinte

Por essas regiões que têm por rota os caminhos que demandam o Paraguai, por acesso a Ponta Porã e Pero Juan Cabalero e numa longa extensão de algumas dezenas de quilômetros em direção Sul, a fronteira com o Paraguai passa próximo de cidades como Caarapó, Amambaí, Eldorado, Mundo Novo, terminando nas proximidades de Guairá, no Paraná e a correspondente Salto del Guairá no Paraguai. Sendo que medra nas cidade paraguaias numerosas gangs de traficantes de entorpecentes e contrabandistas, principalmente de gado e bebidas estrangeiras, além de mercadorias múltiplas.

Algumas gangs são de tal maneira perigosas que muitas vezes já ocorreu de matarem fiscais aduaneiros para conseguirem passar caminhões de contrabando. Chegando, na fronteira de Ponta Porã, enfrentarem os soldados do exército que guarnecem barreira.

A maior parte dessas gangs são de bandidos brasileiros famosos, muito perigosos, homiziados no Paraguai. Havendo, eventualmente alguns deles que residem no lado brasileiro.

Uma dessas gangs conhecida por traficar com café comprado no Paraguai por preço muito inferior ao do Brasil, ocasião que costumam distribuir, adredemente, propinas aos encarregados da fiscalização, para não terem problemas de passagem com o produto contrabandeado, um dia sofreu a frustração de que um dos fiscais que havia recebido propina, assim mesmo denunciou o contrabando, tendo, assim, sido apreendido um caminhão com uma carga de café.

Quando isso ocorre, o fiscal responsável pela traição será *liquidado*, imperdoavelmente, acontecendo de ser encontrado morto na rua, ou com o dedo polegar cortado ou com a boca lacrada com um cadeado.

Assim, dois pistoleiros nordestinos foram contratados para ir até essa cidade para *liquidar* o fiscal traidor. O qual residia num pequeno subúrbio próximo, um lugarejo bastante pequeno, mas que, como era distrito, tinha, também delegacia de polícia. Os mencionados pistoleiros consistia de dois irmãos nordestinos, muito novos, entre 23 e 25 anos de idade e vieram até essa pequeno vilarejo mencionado e passaram e perguntar aqui e ali onde morava o fulano de tal. Tendo a notícia corrido com rapidez, pois em lugares pequenos, todo mundo conhece todo mundo e, alguém acionou a polícia que, imediatamente abordou a caminhonete deles e, os revistando encontraram dois revólveres e um verdadeiro arsenal de balas explosivas – dum dum, dando-lhes voz de prisão e os levando à delegacia. Passando a dar-lhes um bem *adequado tratamento*, os seviciando. Um deles, não resistindo à violência das sevícias, acabou confessando o que teriam ido aí fazer.

O colega advogado de Dourados que vinha tratando de tentar liberar o caminhão mediante pagamento de multa e impostos devidos, além de muitas propinas, o que geralmente resultava em terem êxito porque tais propinas são muito generosas e irresistíveis.

Procurou, então o escritório de Marcos para tentar liberar os dois ditos pistoleiros sob a alegação de terem sido presos por meros portes ilegais de armas.

Marcos os instruiu a dizer ao juiz que foram ali para comprar terras e que a versão da polícia sobre a missão de matar o exator teria sido inventada pelos agentes de polícia que obrigou um deles a assinar confissão sob sevícia.

Tendo o juiz denegado o habeas corpus, quando Marcos impetrou habeas corpus ao Tribunal de Justiça de Campo Grande, tendo tido êxito e expedido alvará de soltura.

Uma vez soltos Marcos os levaria para Dourados em seu carro, conforme instruções do advogado da empresa, e que lá seriam pagos os honorários. O que, assim, foi feito.

Marcos, muito mais idoso e experiente do que esses rapazes os aconselhou que não voltassem mais para Dourados porque desconfiava que os chefe da gang poderiam matá-los por terem falhado na missão e ainda terem *aberto o bico*, revelando tudo e ainda comprometendo os donos da empresa como mandatários.

Mas eles diziam que tinham de ir lá pelo menos para apanharem suas roupas e alguns pertences, som, etc. Sendo os jovens muito apegados a tais coisas, mas tendo ainda Marcos observado que muito mais valor do que essas quinquilharias estava as vidas deles. Com a insistência deles, Marcos concordou, então em levá-los. Tendo recebido os honorários combinados previamente e retornado para casa.

Não deu outro resultado. No outro dia foram encontrados mortos dentro de seu apartamento, onde teriam sido metralhados, provavelmente pelo pessoal da gang de contrabando. Que, em casos como esse não perdoam mesmo.

Mas Marcos não ficou sabendo, tão logo, dessa ocorrência funesta.

Acontece que Júnior, o menino de Marcos andava adoentado e o pediatra que o tratava não teria dado conta de o curar. Assim, Marcos e Kátia viajaram para Maringá em busca de cura para o menino, no que foram muito bem sucedidos em poucos dias estava radicalmente curado. Claro que, ao ensejo visitaram os parentes de Maringá.

De retorno a Nova Andradina, quando Marcos punha-se a policiar os processos que mobilizava, veio ao seu encontro o Juiz do fórum mostrando-lhe um jornalzinho da cidade onde se lia com letras garrafais:

"DOIS PRESOS LIBERADOS DA CADEIA DE NOVA ANDRADINA SÃO METRALHADOS EM DOURADOS"

Quando o juiz observou com certa severidade a Marcos:

– Enquanto eu o mantive presos estiveram vivos. Mas o senhor conseguiu liberá-los para que os chefes da gang os assassinassem."

Apesar de que Marcos estava com sua consciência tranqüila por estar exercendo seu dever profissional, e, ainda tendo-os aconselhado que não voltassem para Dourados, nem por isso deixou de ouvir, por muito tempo o que lhe disse o juiz:

"...O senhor conseguiu com que eles fossem assassinados... assasinados... assassinados...!!!"

Frases essas que Marcos não se esquecerá por muito tempo.

Arrolando, assim esses incríveis episódios nestas incríveis AVENTURAS DE UM ADVOGADO.

CAPÍTULO 46

Trucidamento de um agente de seguros

Uma certa tarde Marcos apreciava pela janela de seu escritório no primeiro andar, um maravilhoso crepúsculo no qual os raios solares rubro carmesim formava um leque gigantesco entrecortando as nuvens que se elevavam muito distante no espaço infinito. Já pela hora em que os fiéis católicos elevam suas orações endereçadas à Virgem Maria, ao badalar das campanas da igreja local.

Marcos meditava calmamente, acomodado no sofá, sobre sua vida nessa cidade, com tudo acontecendo satisfatoriamente, à exceção do último episódio desairoso e do diálogo desagradável mantido com o juiz.

As elucubrações de Marcos, de repente são interrompidas com a visita ao escritório de algumas pessoas vindas de uma próxima cidade conhecida por Ivinhema.

Vinham eles contratar Marcos para requerer a decretação de prisão de um homem que assassinou um irmão deles e teria se refugiado em determinado cidade do Estado de São Paulo. Que a sugestão partiu do Juiz de Direito daquela cidade.

Acontece que o falecido era agente de seguros de uma companhia de seguros com filial em Presidente Prudente,SP., e o assassino era dono de uma serraria em Ivinhema que estava arruinado financeiramente. Então concebeu a idéia de fazer seguro contra incêndio, atear fogo na serraria, receber o dinheiro e dar o fora da cidade.

Para o que contratou o seguro em conluio com esse agente, a quem depois de receber o seguro daria uma propina generosa. Para o que combinaram que o seguro seria pago com cheque sem fundos , mas que o agente seguraria a barra para o cheque não voltasse do banco até que recebesse o valor coberto pelo seguro.

Mas, não cuidando o agente, devidamente, do problema da volta do cheque como sem fundos, conforme havia o agente prometido.

E, tendo voltado o cheque tão logo depositado, o pessoal da companhia cancelou a apólice. Só que, a estas alturas o dono da serraria já a havia incendiado e teve, assim, prejuízo total. Porque, quando foi para receber o seguro foi informado do cancelamento. Então mandou chamar o agente, dizendo-lhe que estava com o dinheiro e que queria lhe pagar a comissão combinada, sem dizer-lhe que foi cancelado o seguro.

Ele veio, imediatamente e, ao chegar, o assassino já o esperava de revólver em punho, descarregando-o no agente corrupto. fugindo, a seguir.

Marcos protocolizou o pedido de decretação da prisão preventiva, e para maior celeridade no andamento do feito, Marcos levou em mãos a carta precatória junto com o cliente, num veículo deles.

Tendo aguardado o resultado da diligência do oficial de justiça, que a devolveu certificando que o réu já não mais morava naquela cidade e que ninguém sabia de seu paradeiro. Tendo Marcos e seu cliente retornado frustrados e como alternativa única, teriam de esperar se alguém, algum dia descobrisse o futuro lugar onde o encontrar.

Apesar de tudo pagaram a Marcos os honorários contratados e prometeram pagar mais se ele continuasse agindo como auxiliar de acusação. Mas nunca mais souberam que rumo tomou o maluco do assassino piromaníaco.

Ficando, assim registrado, mais esses episódios funestos nestas incríveis AVENTURAS DE UM ADVOGADO.

Capítulo 47

Mineirão mata desafeto e enfrenta polícia à bala

Mineirão, como era conhecido por ter vindo de Minas Gerais dedicava-se a fazer empreitadas de derrubada de mato, para o que arregimentava homens e os levava de caminhão para as roçadas, atividade essa a que chamam o empreiteiro de *gato* e os trabalhadores de *bóias frias*.

Tinha Mineirão nada menos do que dois metros de altura, calçava botas, roupas jeans, belo chapéu tipo panamá. Era ele tido como um dos homens mas valentes da região, embora não vivesse a fazer estrepolias. Não bulia com ninguém mas não levava desaforo pra casa e quando provocado não fugia de ninguém, enfrentando quem quer que fosse.

Foi a uma festa junina num dia e acabou entrando numa briga em que uns três ou quatro rapazes vinham disputando para ver quem iria dançar com a Paraguaia, linda descendente de guaranis, cabelos longos até a cintura, lindos olhos brilhantes, lábios espessos a pedir beijos, coxas roliças perfeitas, saia curta, decote generoso a exibir quase todos os lindos seios rijos. Depois de meia dúzia de murros de mula, estendeu todos os candidatos no chão e foi apanhar Paraguaia que ficou exultante porque já conhecia Mineirão. Mas, Mineirão vendo que a coisa não estava convidativa e iriam chamar a polícia, puxou Paraguaia pelo braço e a colocou na sua moderna caminhonete e sumiu dali para longe do alcance de eventuais policiais. Dirigindo-se a um motel de outra cidade próxima dali.

Paraguaia topou o convite de Mineirão para ir morar com ele em sua casa e, antes que a polícia pudesse chamá-lo *para pedir informações* sobre a briga, Mineirão já havia fretado um caminhão e o lotado com *bóias frias* e seguido para as roçadas, geralmente muito distante. Demorava até meses, só voltando quando terminava a empreitada.

A vida de Mineirão o fazia muito feliz por ter-se ajuntado com essa musa aborígene tão linda, cobiçada por todos, que até lembrava Iracema, a virgem mais linda de todas as tribos de sua região, filha do cacique, decantada por Alencar.

"Além, muito além daquelas nuvens que se azulam no horizonte, nasceu Iracema, a virgem..."

Um dia, quando Mineirão retornou de uma das roçadas vendo a casa vazia, sem ninguém, passou a gritar como um louco:

– Paraguaia.....ô Paraguaia...onde se meteu, diabo!

Os vizinhos vendo-o desesperado disse-lhe que ela tinha ido embora com um homem que já a conhecia tempos antes e que tinha se mudado par Rondônia, ficado rico, cheio de ouro tirado de garimpo, constando que ofereceu a ela um montão de pepitas de ouro para ela o acompanhar. Dizendo-se mais, que quem ensinou a esse homem onde era a casa dela, foi um seu irmão que você conhece, e, que, para ensinar a casa a ela, recebeu uma gorjeta desse homem.

Ora, nem se poderia esperar outra coisa. Mineirão dirigiu-se à casa desse cunhado e vendo-o, foi descarregando-lhe a pistola 635 da qual não se separava nem para dormir.

– Lugar de vendilhão traiçoeiro é nos infernos, disse-lhe Mineirão, depois de vê-lo caído morto.

Depois Mineirão foi encher as caras de cachaça num prostíbulo cuja dona era sua amiga, para procurar esquecer da Paraguaia.

Horas depois, tendo sido chamada a polícia na casa do defunto morto a tiros pelo Mineirão, e o procurando, ficaram sabendo para onde ele havia se dirigido e foram lá para prendê-lo.

– Mineirão. Aqui é a polícia. Entregue-se por bem senão teremos de prendê-lo à força.

– Nenhum filho da puta vai me prender! Respondeu Mineirão, de arma em punho e já atirando em direção a eles. Alguns saíram correndo sabedores da fama do homenzarrão. Outros, porém, procurando proteger-se um pouco, responderam ao fogo. Uma bala acertou uma das pernas de Mineirão, derrubando-o. A estas alturas, sequer acordou mais, dominado completamente pelas bebidas que havia ingerido.

Tendo de ser carregado para o carro, precisando três ou quatro policiais devido ao peso enorme do homem. Colocaram-no no xadrês.

Mineirão foi citado de dois júris ao mesmo tempo. Sendo um por tentativa de homicídio contra a polícia e outro qualificado de traição contra seu cunhado.

Tendo Marcos sido contratado por Mineirão para o defender. E, Marcos percebendo que ele padecia de anomalias psíquicas, pelo que tomava remédio controlado receitado

251

por médicos, requereu exame de insanidade mental, tendo resultado que ele era semi-incapaz.

Como argumento de defesa Marcos o orientou a dizer que seu cunhado armara-se de um canivete e tentou furá-lo, tendo ele se defendido. O que era, obviamente a maior mentira, porque, sequer Mineirão deu tempo para que a vítima abrisse a boca e descarregou a máquina em seu peito.

Enquanto que, para haver chances de acolhimento de legítima defesa o agressor deve usar moderadamente dos meios de defesa. E não descarregar a arma sobre a vítima. Tendo, assim, o júri votado sete a zero para ambos júris. E Mineirão ido condenado a dezoito anos de reclusão, com a diminuição para nove anos, à vista da semi-imputabilidade em razão das anomalias psíquicas.

Tendo Marcos apelado da sentença para o Tribunal Estadual, mas, sequer teve conhecimento do resultado isto porque já havia se mudado para oura comarca antes de ter sabido o resultado.

Mas foi, depois, informado de que um outro novo advogado que havia se instalado na cidade, conseguiu, depois de alguns anos de reclusão, que pudesse cumprir o restante da pena em liberdade, tendo em vista as função social de que empregava a um só tempo vários trabalhadores.

Constando, ainda, que alguns anos depois Mineirão se mudara desse lugar, constando que teria ido para Rondônia para ver se encontrava Paraguaia e seu novo companheiro para os matar, porque havia jurado vingança. O que não seria muito difícil de acontecer, mas Marcos não ficou sabendo do resultado.

Ficando, assim, registrado as loucuras do macho Mineirão, nestas incríveis AVENTURAS DE UM ADVOGADO.

CAPÍTULO 48

Marcos e Kátia decidem retornar, finalmente, ao inesquecível Paraná

O Estado do Paraná sempre esteve plantado nos corações de Marcos e Kátia, onde passaram a maior parte de suas vidas e, onde sempre se conheceram de modo tão romântico e onde tanto se amaram. Pelo que esse Estado querido vivia plantado dentro de seus corações. Nutrindo, ambos, sempre esperanças de que um dia voltariam para continuarem vivendo no querido Paraná, próximo dos parentes de ambos.

Até que um dia chegou o tempo aprazado para essa importantíssima iniciativa, que se revelava, de um lado desairosa pelos transtornos que representa, mas de outro mensageira de uma felicidade tão sonhada por ambos que nunca perderam as esperanças de voltarem a viver onde viverem desde a infância.

Acontecendo que fechou a usina de álcool que tinha grande parte dos homens da cidade empregados nela. De cujos salários viviam, faziam compras de mantimentos e outras necessidades, representando, assim, essa gente o que se poderia chamar de o grosso da população. Tendo, por isso, fechado muitos estabelecimentos, de secos e molhados, de confecções, de calçados e até bancos. Como decorrência do fechamento dessa importantíssima usina de álcool, que era considerada a maior potência industrial e comercial da região, grande parte da população mudou-se para outras cidades, lembrando desastres semelhantes ao que acontecera em Assis Chateaubriand. Colegas advogados foram mudando suas bancas, uns após outros. Não podia, assim, ser diferente com Marcos cujo escritório estaria como que paralisado há muito tempo, sendo que Marcos passava a maior parte do tempo trabalhando fora de casa, no Paraná, principalmente, sediando suas atividades em Maringá, com modesto escritório em casa de seus pais.

Seus pais, inclusive estavam sempre a chamar Marcos para que voltasse para Maringá para administrar as modestas casas de aluguel, já que seu pai, idoso muito nervoso, já não tinha mais paciência para lidar com inquilinos. Pedidos constantes que fazia sua mãe, já amedrontada porque seu pai só sabia despejar inquilinos inadimplentes à base de arma de fogo nas mãos. Temia ela que um dia levasse uma facada de algum inquilino valente.

Assim, Marcos não viu mais justificativa de continuar morando numa cidade onde não via como continuar prosperando sua banca. Tendo, assim se mudado, provisoriamente, para Maringá, indo morar numa das casas de seus pais, levando, por enquanto, só o que coubesse dentro do carro, fechando a casa e lá deixando a mobília para ser transportada mais tarde.

Kátia passaria a usar, provisoriamente, em comum, a cozinha dos pais de Marcos, até se mudarem mais comodamente em outra casa mais confortável e ampla. Mesmo porque não era muito fácil conviver junto com o pai de

Marcos que era, numa palavra mais prática, neurastênico, dessas pessoas que implicam com tudo e com todos, um constante criador de casos a levantar problemas onde não existiam razões plausíveis. Incluindo implicar com o neto, filho de Marcos, de quem não se afeiçoou por razões inexplicáveis.

Tanto assim que, dentro de poucos dias de padecimento nesse lar repleto de problemas, Marcos alugou uma casa próxima do estabelecimento comercial onde assessorava, uma casa de parafusos que Pedro teria conseguido encaixar Marcos com o proprietário, grande amigo de Pedro e, de onde recebia já um salário fixo, suficiente para as despesas rotineiras. Cujo rendimento se ampliava com as cobranças que lhes confiavam, sendo grande parte delas em outras cidades, inclusive até do Estado de São Paulo.

O mesmo ocorrendo com outra empresa atacadista de secos e molhados sediada em Londrina, igualmente conseguida através de Pedro, esse homem de incrível relacionamento com comerciantes e industriais de números incontáveis, não só do Paraná como de outros Estados da Federação.

Marcos, a quem não sobrava tempo, nem de pensar em pode ir buscar a mudança que deixara na casa de Nova Andradina, não teve outra alternativa senão a de comprar um fogão, apetrechos culinários e alguns móveis adquiridos a preços módicos em casas de móveis usados, *badulaques*, como aí eram chamadas.

Passando Marcos a continuar vivendo a vida satisfatoriamente, embora passado a estar constantemente viajando em cobranças, permanecendo fora de casa, por vezes alguns dias. E o barquinho de Marcos e Kátia, prosseguia, recebendo as suaves lufadas de vento a navegar por esses mares complexos do oceano da vida. Horas suavemente, horas enfrentando as tempestades que surgem sempre e inesperadamente. Mas sempre se safando de naufragar.

Registrando-se neste capítulo mais os episódios surpreendentes destas deleitantes AVENTURAS DE UM ADVOGADO.

CAPÍTULO 49

Destruição dos sonhos antigos de Marcos do inesquecível São José dos Bandeirantes

Numa das inúmeras viagens de cobranças que Marcos fazia em outras cidades e até em outros Estados, um dia resolveu passar por uma rodovia que passava bastante perto de Jaguapitã, cujo nome antigo era São José dos Bandeirantes, onde pela década de quarenta com Marcos ainda adolescente teria convivido com os pais numa aconchegante propriedade rural. Na qual Marcos teria apreendido o árduo trabalho da lavoura, mas também se divertido muito, incluindo nadar vez por outra no Ribeirão São José – de onde veio o nome São José dos Bandeirantes – onde brincava com um irmão pouco mais velho e outro mais novos do que Marcos. Onde ouvia-se a melodia assobiada divinamente por bandos de pássaros canoros, assim como as algazarras dos pássaros verdes, miscigenando com o murmúrio suave do ribeirão e o suave farfalhar das várias árvores dotadas de copas gigantescas. Além da presença abundante de pequenos animais, desde bando de macacos, coatis, tatus e eventualmente um veado ou uma capivara e até anta. Sem contar rolos de cobras que eram encontradas até perto da casa de moradia, algumas das quais venenosas como jararacas, urutus, etc.

Porém, decorridos cerca de uns trinta anos, obviamente que os trajetos das rodovias seriam outros, mormente que agora, tudo asfaltado. Mas Marcos, indagando daqui e dali, e do Ribeirão São José – porque os leitos dos rios são imutáveis – conseguiu se nortear ao antigo sítio onde vivera em alguns anos de sua adolescência. As propriedades rurais dessa região teriam se transformado em loteamentos diversos de pequenas chácaras, mas Marcos insistindo, acabou por se aproximar onde calculou ter sido o antigo sítio de seus pais. Era fechado com cercas de arame farpado. E Marcos, quando calculou ter chegado ao local onde deveria ter sido a antiga propriedade de sua família, estacionou o carro, descendo, para prosseguir à pé. E viu que uma porteira próxima dali não era fechada com cadeado e, não vendo ninguém a quem pedir licença, abriu a porteira e foi entrando, lentamente. E, quando calculou que deveria estar no local onde havia a casa de moradia, nada viu que denunciasse estar no local certo. Procurou o velho poço de onde tiravam água, e nada foi encontrado, calculando Marcos que eles haviam enterrado o poço.

Prosseguindo onde o terreno apresentava um declínio em direção ao ribeirão, por onde havia antigamente o pomar, nenhum pomar mais ali existia. Prosseguiu Marcos, descendo sempre em direção ao ribeirão. Não mais existiam as perobas dágua, como eram chamadas que existiam perto das margens. Só toscas capoeiras ou pequenas áreas de pasto.

Até que Marcos chegou perto da margem do ribeirão, que havia diminuído muito do tamanho primitivo. Havia um lajedo antes de chegar na beira do ribeirão, sendo que em alguma parte desse lajedo havia alguns pequenos sulcos na laje dos quais Marcos se lembra que diziam tratar-se de lugar onde os nativos antigos da região afiavam as pontas das flechas e, formavam, assim, os mencionados sulcos. Até que Marcos conseguiu localizá-los porque isso não seria passível de depredação. Então Marcos convenceu-se de que estaria, realmente, no lugar certo, e de onde vinham buscar baldes de água, como faziam os antigos moradores e gente de sua família antes de ter sido furado o poço próximo da casa. Então Marcos olhou para todo os lados, onde existiam várias árvores de grande porte, perobas dágua, cedros e outras árvores frondosas, nada mais tendo visto daquelas belezas naturais, salvo meras capoeiras e pequenas pastagens, onde nem animais existiam a pastar. Até o ribeirão reduziu o tamanho para uma décima parte do que era naqueles tempos, sequer fazendo mais aqueles murmúrios que eram ouvidos a distância.

Nem pássaros, salvo alguns raríssimos, nem animais pequenos ou grandes.

Então Marcos sentiu-se decepcionado, aterrorizado, com tanta depredação, tanta destruição de tão maravilhosas selvas virgens, maravilhosas que eram.

Ajoelhou-se, então, pondo-se a chorar copiosamente, convulsivamente, desesperadamente e,como nada mais pudesse fazer , passou a gritar a plenos pulmões:

– Malditos! miseráveis! assassinos! Destruíram meu querido São José dos Bandeirantes!

Minutos depois, já refeito, retornou em direção ao carro, arrependido de ter ido ver tanta destruição daquelas selvas maravilhosas que eram a seu tempo. Onde agora existem pequenos lotes rurais de pequenas chácaras, cercadas de arame farpado, com pastagens, mas despidas de gente ou de animais de qualquer espécie a definir a existência de vida. Verdadeiro deserto. Retornando, ainda emocionado e a lembrar das habituais depredações idênticas que acontece em todos os pontos cardeais, em todas as direções. Quando não destróem lugares lindos turísticos como fizeram, por exemplo com as antigas e maravilhosas Quedas do Iguaçu, inundada, depois em lago de hidroelétrica. O que não deveria acontecer em hipótese alguma, justificando-se mais ainda a Marcos a quem, antes do curso de bacharelado havia cursado ciências naturais e se tornado, obviamente, num ecologista – que se revolta com tão estúpidas depredações que bem poderiam ser evitadas. Cumprindo que o governo amplie os tombamentos de lugares turísticos belos, como o fizeram com as Cataratas do Iguaçu.

Sendo que Marcos até lembrou-se das mensagens importantíssimas como as que foram inseridas pelo autor do importantíssimo filme O Planeta dos Macacos. No qual, para quem não o assistiu, consistiria de um vôo estratosférico de duração de alguns anos pelo espaço cósmico, durante cujo período a terra teria sido destruída por petardos nucleares e destruída a sua população, mas tendo sobrevivido numerosa população de macacos grandes – urangotango – do porte de gente, que, com o correr dos anos se civilizaram.

E que, quando a nave programada para a longa viagem aterrizou numa parte do mesmo globo terrestre, para encurtar a descrição, os astronautas que desceram da nave, depois de algum tempo, passeando por toda região, acabaram por passar por perto da estátua da liberdade dos Estados Unidos, concluindo, então que haviam destruído a terra com armas atômicas, finalizando com o ator principal a bradar, como fez Marcos, quando decepcionado com a destruição do seu inesquecível São José dos Bandeirantes:

– *Malditos! Destruíram tudo!*

Como, provavelmente, pensa Marcos, acontecerá mesmo, um dia no futuro. Até lá temos que aproveitar o mais que for possível enquanto ainda existe muita beleza natural a se admirar.

Acrescendo-se mais esse episódio a estas deleitantes AVENTURAS DE UM ADVOGADO.

CAPÍTULO 50

Últimos reflexos da tocaia fatal

Queremos nos referir, obviamente, de algumas conseqüências, ainda daquela tocaia que ceifara a vida daquele cliente de Ponta Porã.

Marcos imaginava que nunca mais iria ter aborrecimentos além dos ditos traumáticos em que foi impelido a suportar de maneiras tão desagradáveis como foi contado detalhadamente. Já que agora estava vivendo a muitas centenas de quilômetros do teatro cujos cenários se desenrolaram as tais peças teatrais, das quais era ele um dos protagonistas.

Marcos fornecera a Kátia o número do telefone da empresa atacadista de Londrina, onde costumava estar com certa freqüência fazendo acertos de contas das cobranças que realizava ou que recebia novos borderôs de cobranças. Pois bem, num determinado dia Marcos recebera um telefonema de Kátia informando que dois ou três homens o procuraram em casa, muito sigilosos alegando serem agente policiais, sem entretanto exibirem credenciais, bem como ocultando porque razões deveriam encontrar Marcos, tendo sido inútil a insistência de Kátia para saber as razões porque deveriam encontrar Marcos. Que, a essas alturas ficou temerosa de que pudesse se emissários da gang que tocaiou aquele cliente de Ponta Porã.

Tendo, então Marcos imaginado que o assunto teria conexão com mais informações que estariam sendo solicitadas pela delegacia de policia de Palotina. Então ligou para a delegacia e ficou sabendo que haviam deprecado para a delegacia de polícia de Maringá para, localizando Marcos, mostrar-lhe fotografias de um marginal que teria sido preso por agentes policiais e que suspeitavam poder ter sido o pistoleiro que atirara na vítima da dita tocaia. Assim, o policiais que o teriam procurado nada mais era do que agentes da delegacia de Maringá. Assim, aproveitava o ensejo para que comparecesse naquela delegacia para ver as mencionadas fotos e no caso reconheceria o mencionado marginal referido. Tendo Marcos adiantado que isso seria feito, mas que já adiantaria que confirmaria o que havia dito em seus depoimentos, ou seja, de que, tendo visto o pistoleiro apenas pelas costas, não teria como identificar uma fotografia se nunca vira o homem de frente. Confirmando mais uma vez que tratava-se de homem magro, alto, de chapéu atolado, de capa, nada mais. O que não tem como identificar a ninguém. Mas, pensava Marcos, que, ainda que tivesse visto o homem de frente, jamais cometeria a estultícia de fornecer detalhes idenficatórios para por em risco sua vida e poder ser vitimado como *queima de arquivo.*

E, assim, quando retornou para casa, dirigiu-se à delegacia de polícia de Maringá para essa precípua finalidade e em atenção ao pedido do delegado de Palotina, tendo, depois, eles, devolvido a precatória ao lugar de origem. Tendo pedido ao delegado que repreendesse os agentes que o procuraram e, por não esclarecer do que se tratava, que não tinha, na verdade nada de tão sigiloso. Mas que, como ocultaram essa finalidade, acabaram por assustar Kátia e a deixado muito preocupada, com razões para imaginar algum perigo em potencial contra Marcos. Mandando chamar o agentes e ali mesmo em frente a Marcos eles foram severamente repreendidos e pediram desculpas a Marcos.

– Puxa, pensou Marcos, até quando irão me perturbar com esse tipo de assunto que já considerava esquecido para sempre?

Assim, fica aqui consignados mais esses assentamentos desairosos, irritantes, que tanto assustaram Kátia, mas que mesmo assim deverão fazer parte das inéditas AVENTURAS DE UM ADVOGADO.

CAPÍTULO 51

Retornando ao Mato Grosso, agora, porém para Cuiabá

Pedro, o primo e antigo cliente de Marcos, vivia a viajar para Cuiabá e Paranavaí, desde que ele vinha vivendo sozinho em Cuiabá, enquanto sua família ainda morava em Paranavaí. Sendo Maringá passagem forçada desse roteiro, Pedro sempre visitava Marcos, sem deixar de visitar uma namorada de muitos anos, linda, que residia em Maringá. É que Pedro que era amigo muito íntimo de uns magnatas de pecuária no Mato Grosso e fazendas de café no Paraná, principalmente nos arredores de Paranavaí, tendo sido convidado pelos mesmos para ser administrador de fazendas deles no Mato Grosso, região pantaneira. Para onde fazia cerca de uns dois anos que teria assumido a administração.

Mas sempre que Pedro visitava Marcos o convidava para mudar-se para Cuiabá, fazendo propagandas tentadoras de que lá seria um dos melhores lugares do país para advogados ganharem dinheiro como água, que, no máximo com uns dois anos de advocacia ficaria rico e, só então deveria

265

voltar para o Paraná, porém, com os bolsos cheios de dinheiro para o resto da vida.

Embora Marcos sempre tivesse ouvido falar sobre isso como sendo, realmente, ótimo lugar para exercer advocacia, continuava insistindo em viver no Paraná onde tinha ele e Kátia raízes parentescas que os prendiam nesse Estado. Onde passaram, tanto Marcos, como Kátia, a maior parte de suas vidas desde a infância, além de largos círculos de parentesco e de amizades antigas. E, muito embora se diga que *parente não dá camisa a ninguém*, como a dizer que na se pode contar com eles no geral, nem por isso a gente deixa de os amar e de os visitar de vez em quando, o que não deixa de ser uma realidade muito ligada aos costumes da vida.

E que, argumentava Pedro, não obstante já vivessem aí por cerca de dois anos, desde quando voltaram do Mato Grosso, nada amealharam até então, e continuavam até pagando aluguel quando sempre residiram em suas casas próprias. Que, em parte, estava Pedro coberto de razão. Mas, ainda assim, Marcos continuava resistindo aos convites tentadores de Pedro, e, iria insistir mais uns tempos em Maringá e, em caso de insucesso, iria aceitar o convite tentador de Pedro.

Por essa ocasião surgiu uma surpresa desairosa no que concerne à casa de parafusos a quem Marcos assessorava e fazia cobranças a lugares distantes, tendo, de um momento para outro entrado em colapso financeiro e tendo sido preciso demitir alguns funcionários e, inclusive paralisar de pagar os honorários mensais fixos que pagava a Marcos. O que representou um choque inesperado já que não seria fácil vencer todas as obrigações sem poder contar com essa renda que auferia mensalmente. Teria que passar a contar somente com os honorários que recebia das cobranças dessa firma e da atacadista de Londrina, sendo certo que desta não recebia, igualmente, rendimento fixo.

Mas não foi ainda, nesses dias lastimáveis da supressão do mencionado salário fixo que Marcos cessou de auferir, que decidira em aceitar aos tentadores convites de Pedro, como veremos.

Existia na cidade de Nova Andradina um banca advocatícia a cujo titular chamaremos de Dr. Rui, gente muito dinâmica e dotada de rara capacidade de relacionamento profissional, tendo se tornado, em razão disso o mais bem sucedido escritório de advocacia, tendo criado uma filial e Campo Grande e outra em Bataguassu, cidade extrema do Mato Grosso, região Sul, banhado o município pelas águas do Rio Paraná, sendo próxima da cidade de Presidente Epitácio, Estado de São Paulo.

Existindo, nessa divisa de Estados, uma barreira fiscal e policial destinada inclusive a repressão ao contrabando e tráfico de drogas entorpecentes. Razão porque aí redundou em cidade ideal para advocacia criminal, havendo constantes apreensões de veículos portando contrabando e outros, tráfico de entorpecentes, Medrando prisões de pessoas e de apreensões constantes de mercadorias e veículos, incluindo caminhões.

Dr. Rui contratara para cuidar da filial de seu escritório nessa cidade um colega solteiro, recém formado, mas que depois de algum tempo andou *aprontando* com uma jovem da cidade que acabou a engravidando e, como tinha pais e irmãos muito severos, decidiu anoitecer mas não amanhecer para se livrar dos irmãos e pais da moça que tinham fama de muito valentes.

Assim, quando Marcos menos esperava recebeu a visita do Dr. Rui, pedindo-lhe encarecidamente que assumisse a banca, ainda que só por algum tempo enquanto não encontrava outro colega que se interessasse em assumir em definitivo. Tendo o Dr. Rui garantido que ali era uma fonte

abundante de constante procura de pessoas presas em flagrante, inclusive pela Delegacia de Polícia Federal. Assim,
as causas não eram problemas e os honorários eram abundantes e em poucos meses poderia auferir bons rendimentos,
não precisando mais se preocupar de procurar outro lugar
onde advogar.

Marcos não quis acreditar muito que assim fosse, porque senão estaria ele ali à testa dessa filial, já que Nova Andradina padecia de crise geral. Muito embora a cidade não
fosse convidativa para se morar, e até um tanto deprimente.
Que, caso fosse necessário auxílio financeiro bastava ligar a
ele que o socorreria imediatamente.

Convidando Marcos, inclusive a ir desde logo, se pudesse, desde que ele o apresentaria ao dono do hotel e ao
pessoal do posto de gasolina para servir-se às custas do escritório. Tendo Marcos se decidido a fazer uma experiência
ainda que fosse por alguns dias.

Tendo, assim, aprontado bagagem e se despedido de
Kátia.

Lá chegando Marcos foi apresentado ao dono do posto
de gasolina para atendê-lo sempre que precisasse, na conta
do escritório; o mesmo fazendo no hotel que era, como o
posto, bem próximo do escritório. Apresentando Marcos, finalmente à secretária e despedindo-se muito satisfeito com
a anuência de Marcos.

Marcos passou a auscultar com a secretária sobre tudo
o que era possível saber sobre a banca. E teve dela as piores
informações que se pudesse imaginar. Que até ela estava com
os salários atrasados, mostrando várias correspondências de
cobrança inadimplida, aluguel, conta de luz, etc. Marcos
examinou algumas pastas de casos em andamento podendo
ver recibos de honorários recebidos adiantadamente, assi-
nados pelo Dr. Rui e não pelo rapaz que vinha cuidando do

escritório. Dizia a secretária que o rapaz se queixava a ela que o Dr. Marcos pagava somente migalhas que não servia quase para nada e ele vivia sem dinheiro. Que o Dr. Rui era muito pão duro, miserável mesmo na melhor expressão. Aliás, Marcos não ignorava essa *virtude* do Dr. Rui, cujos auxiliares de seu escritório de Nova Andradina padecia do mesmo tratamento. Trabalham muito, peticionavam, faziam audiências e tudo o mais, mas, os honorários eram controlados rigorosamente por ele embolsava tudo, vivendo nababescamente, ao passo que os auxiliares eram pago miseravelmente. Não obstante ele padecia do inconveniente de ser semi-analfabeto como advogado, incapaz de peticionar o mais modesto dos requerimentos, pelo que não podia prescindir dos auxiliares para essa precípua finalidade. Até nas audiências não tinha coragem comparecer senão acompanhado de algum colega, auxiliar ou não, pois não detinha cabedal profissional adequado para advogar. Apenas, como foi já dito, era detentor de raríssima habilidade de relacionamento humano e profissional, conseguindo, com isso, como que dominar a praça.

Verificando no fórum os processos ajuizados, pouquíssimos, aliás, nada havia que ser feito que pudesse vir a gerar pagamento de honorários desde que tinha o cuidado de cobrar adiantadamente de todos os clientes sem exceção.

Auscultando com os pouquíssimos colegas advogados da cidade, ficou sabendo que todos eles contavam com outras rendas fixas, alguns como professores, outros ocupando o jurídico da prefeitura, outros, filhos de fazendeiros pecuaristas e que advogavam *só por esporte*, como quem não depende disso.

A cidade, era o que se podia chamar de uma das mais deprimentes que Marcos já conheceu, tendo praticamente só uma rua movimentada, com poucas lojas, um banco e pouquíssimo movimento de gente pelas ruas.

Marcos suportou morar nessa cidade o lapso máximo de uma semana e, depois disso resolveu ligar para Pedro e auscultar dele se ainda estava de pé mudar-se para Cuiabá. Ao que ele responde afirmativamente, acrescendo ainda que acabava de ligar na hora certa porque tinha um cliente de seu escritório, dono de uma colonizadora que pediu a ele pelo amor de Deus que lhe arranjasse um bom advogado de que estavam precisando, com salário fixo convidativo e participação de honorários.

– Está bem, partirei hoje mesmo e amanhã estarei aí, anotando o endereço de Pedro e telefone.

Marcos já estava com pouco dinheiro e, tendo ligado para o Dr. Rui para pedir-lhe algum dinheiro, deixou ordens para dizer que estaria sempre ausente, pouco tendo adiantado ter deixado recados para que ligasse ou que fizesse algum deposito em sua conta.

Então, como autorizou o pessoal do posto a atendê-lo no que fosse necessário, inventou a eles uma estória que havia pegado uma causa muito grande em outro Estado e que precisava abastecer o carro e levar consigo umas duas bombonas com cerca de uns cinqüenta litros de gasolina e uns dois litros de óleo de cárter. E, no hotel, apanhou a bagagem e disse ao dono que iria demorar alguns dias fora.

Nada dizendo à secretária diferente do que disse ao pessoal do posto, despedindo-se dela.

Viajou, a seguir em direção a Cuiabá em seu próprio carro, de mais dez anos de uso, mas em condições de viajar. Passando por Campo Grande já ao anoitecer, passou numa panificadora e comprou alguns pães e alguns frios para fazer sanduíches, bem como dois litros de leite, procurando economizar o máximo possível já que estava pouquíssimo dinheiro. Dormiu dentro do carro num posto de gasolina, onde reabasteceu com parte do estoque que trazia nas bombonas e, completando o óleo do carter. Partindo ao clarear do dia, depois de ter dormido algumas horas, o suficiente para ter descansado e poder prosseguir. Preparou os sanduíches, furou o saquinho de leite e ia se alimentando enquanto dirigia, para não perder tempo de estacionar. E as cidades foram ficando para trás, Bandeirantes, São Gabriel do Oeste, Coxim, Pedro Gomes, etc. estacionando em Rondonópolis para reabastecer e dormir mais um pouco.

Não tinha dado conta da metade dos sanduíches e havia ainda um pacote de leite que, felizmente não tinha azedado embora estivesse fora de geladeira. Tendo sido passado o canudinho neste novo pacote de leite e, assim devidamente equipado prosseguiu, depois de fazer necessidades nos sanitários, lavar bastante o rosto para despertar bem, no posto onde parou para reabastecer.

Poucas horas depois iniciava a descida da serra, admirando a paisagem com pirambeiras enormes, vales intermináveis, montanhas aqui e acolá, coqueirais aos milhares, e descida acentuada a exigir freio motor alguns trechos.

Vez por outra devorando os sanduíches e molhando a boca no canudinho de leite.

Quando começou a entardecer começou divisando as primeiras placas de propaganda anunciadoras da aproximação da pujante e progressista Capital, admirando-se da impressionante extensão do Distrito Industrial repleto de empresas de grande porte.

Marcos tendo entrado no centro da cidade, na via principal, mais conhecida por Prainha, estacionou, a certa altura numa esquina onde viu um orelhão e ligou para Pedro.

– Já cheguei, Pedro, disse Marcos entusiasmado, quero saber como se vai ao seu escritório.

– Onde você está, perguntou Pedro.

– Numa avenida principal, uma tal de Prainha, esquina com a R. Voluntários da Pátria.

Mas você está exatamente na rua do nosso escritório, bastando subir por ela até o número 223, logo após um edifício do Shopping Cuiabá. Para incrível coincidência e sorte, Marcos estacionara na exata rua do escritório de Pedro. Mais sorte do que isso seria impossível.

Estacionando onde viu a placa cujo nome já sabia, lá estavam do lado de fora à espera. E Pedro veio abraçá-lo.

– Até que enfim, meu *advogado do diabo*. Mas não posso acreditar que você veio nessa geringonça de lá até aqui, pelo amor de Deus!

Tratava-se de um Opala velho, com cerca de uns dez anos de uso, tinta meio desbotada, mas de mecânica em bom estado. Só que vazava bastante óleo de cárter e tinha de estar checando e completando. Nada mais. Acontecendo que Marcos, temeroso de que pudesse faltar combustível quando iniciava descidas longas, desligava o motor e descia na velha banguela, ainda que diminuísse a velocidade, que só ligava o motor quando o relógio acusava por volta de 60 por hora. Com o que, feitos os cálculos , resultou ter viajado a média de 11,50 kms. por litro, o que arrancou muitas gargalhadas do pessoal, mormente quando mostrou um sanduíche inteirinho que ainda sobrou.

Marcos mostrou-lhe o amplo escritório onde fazia suas picaretagens de legalização de documentação de terras eu lhe dava bom rendimento. Tendo oferecido uma das múltiplas salas para Marcos instalar-se provisoriamente e a quem ele iria corretar causas com seus amigos, como sempre fez quando viveram próximos um do outro.

Assim, tão logo Marcos entrou no escritório Pedro pegou o telefone e ligou para Kátia, dizendo-lhe que tinha alguém querendo falar com ela.

– Oi, Kátia querida. Aceitei o convite de Pedro e resolvi abandonar a droga do escritório do Dr. Rui e vim parar aqui. Não falei antes com você sobre isso porque você ficaria preocupada por ser o carro muito velho. Mas cheguei bem, graças a Deus. Depois ligarei mais para você e escreverei uma longa carta contando tudo. Tudo certo com vocês? Imagino que você já deva estar sem dinheiro, mas pedirei algum emprestado ao Pedro e remeterei a você. No mais está tudo em ordem, com o Junior também?

– Sim, tudo bem, graças a Deus.

– Amo muito vocês dois. Beijão e abraços.

– Também te amamos muito, querido, Deus continue te acompanhando. Boa sorte e ligue sempre.

Não era verdade que estava tudo bem, fazia mais de uma semana que Marcos havia saído de casa e deixado pouquíssimo dinheiro, tendo até acabado o gás e leite para o Júnior. Mas Kátia não se encorajava de pedir à irmã de Marcos, com quem não vinha se dando muito bem ultimamente. Mas, como Deus não abandona gente abençoada como Kátia, ela recebeu a visita de uma parente muito chegada que lhe supriu dessas necessidades.

Assim, Marcos encorajou-se a pedir algum dinheiro emprestado para remeter a Kátia que estava a passar necessidades, tendo remetido pelo correio.

No dia seguinte Pedro levou Marcos para o apresentar ao dono da colonizadora que havia lhe havia encomendado um advogado, apresentando-o como muito experiente, tendo o dono, Sr. Mário, apreciado Marcos à primeira vista. Desde logo informou que os sócios combinaram em oferecer vinte salários mínimos como básico e mais percepção de honorários nas ações que fossem patrocinadas, tendo Marcos aceito e sendo desde logo convidado a elaborar contrato de honorários, o que foi feito imediatamente.

Indagando Marcos se era difícil encontrar casa para alugar, foi dito a ele que, se concordasse em morar provisoriamente numa casa modesta, mas grande, ela pertencia à empresa e não seria cobrado aluguel. Tendo Marcos ido vê-la, embora de construção muito antiga de alvenaria que os antigos pedreiros diziam de adobe, ou seja, não de tijolos mas de um reboque à base de cal, apenas, sem cimento, mas solidamente construída. Tamanho amplo, muito maior até do que Marcos precisaria. Aceitou a oferta e combinaram em buscar a família e a mudança. Por esses dias um micro ônibus da colonizadora iria ao Paraná para trazer candidatos a compra de terras da colonizadora e Marcos poderia seguir com eles, deixando o carro no pátio da colonizadora. Pernambuco, era o apelido do colonizador, tinha um carro que deveria levar para Maringá e perguntou se Marcos não poderia fazer isso para evitar de levar um motorista para essa precípua finalidade, tendo Marcos se oferecido para levá-lo, caso em que Pernambuco iria junto com ele; e assim fizeram, tendo Marcos levado o veículo onde deveria deixá-lo, e, cujo portador levaria Marcos até a sua residência. Ao passo que a colonizadora fretaria um caminhão para trazer a mudança de Marcos e a família viria com eles no micro ônibus tão logo voltasse da cidade onde foram apanhar os candidatos a compra de terras da colonizadora. Chegando em casa, Marcos, depois de alguns dias ausente, foi aquela festa sua chegada, principalmente à noite, ávidos que estavam um do outro, quase a lembrarem do primeiro dia em que se encontraram dentro daquele escritório de Marcos em Curitiba.

Assim, tudo ocorreu como havia sido programado, tendo Marcos e Kátia organizado a mudança para ser acomodada no caminhão. Reservando só alguma bagagem para ser levada em mãos no micro ônibus.

Um detalhe cômico que merece ser anotado consiste no fato de que, ao embalarem a mudança, duas malas de viagem muito parecidas entre si tendo em uma delas colocado vários pares de calçados e em outra, roupas íntimas femininas, que iria no micro ônibus. Na correria de colocar toda a mudança em cima do caminhão, deveria ter sido colocado ali a mala que continha os ditos calçados; ao passo que a de roupas íntimas femininas, mas tendo sido trocadas as malas por serem muito assemelhadas. Tendo, a que continha roupas íntimas femininas, sido colocada junto com a mudança. E, a que continha calçados, junto com a bagagem de mão que seguiria no micro ônibus.

Chegando em Várzea Grande, obviamente, antes da chegada do caminhão de mudanças, dirigiram-se a um hotel onde se hospedaram até que chegasse a mudança.

Quando abriram a mala mencionada é que viram que não era a que continha roupas íntimas, mas a de calçados. E foi aquela gargalhada e, depois, uma correria às lojas para compra de roupas íntimas, principalmente calcinhas para trocarem após se banharem. Piada essa que nunca foi esquecida e comentada vez por outra.

Ainda bem que compraram calcinhas, inclusive, porque as roupas que viriam na mala com o caminhão levou cerca de uma semana Isto porque, tendo fundido a máquina próximo de Presidente Prudente, demorou cerca de uma semana até ser reparado e chegar à cidade.

Dirigindo-se, o caminhão em direção à mencionada casa construída em *adobe* que para todos era uma novidade que desconheciam. Nos fundos havia amplo quintal repleto de árvores que Júnior conseguia subir e descer em algumas delas, divertindo-se a valer. Havia dois tanques para depósito de água, sendo que um deles foi reservado para o uso doméstico e o outro para que Júnior passasse horas dilatadas tendo em vista a temperatura oscilante entre 35 a 42 gráus centígrados que nunca haviam antes experimentado. Assim Marcos fazia muito companhia a Júnior nesse tanque amplo, arredondado, de aproveitamento de manilha de mais de um metro de diâmetro, receptando cerca de mil litros de água.

Muito próximo daí havia bancas de venda de peixes capturados no lendário Rio Cuiabá diariamente. Eram vendidos a preços irrisórios e, assim, passaram a comer peixes quase todos os dias. E, tendo ouvido dizer que quem come cabeça de pacu nunca sai daqui, foram várias as vezes que comeram cabeças de pacu ensopada. Tão grandes eram os mais usuais, piauussu, que somente um exemplar fornecia mistura para todos a sobejar.

Durante essa semana em que Marcos esperaria a vinda do caminhão de mudança encaminhavam-se para as barrancas do lendário Rio Cuiabá para pescarem, levando sempre um ou dois meninos cuiabaninhos que são muito experientes nessas lides e, com eles, foram apreendendo as manhas da pescaria.

Inúmeras canoas com pescadores se espalham ao longo do rio, havendo alguns deles, a reluzirem suas invejáveis musculaturas, tez cor amarronzadas queimada pela calícula causticante de um sol que eleva a temperatura até ao redor de 42 graus centígrados. E a lançarem tarrafas magistralmente e a capturarem peixes de todos os tipos e tamanhos, incluindo alguns pintados ou caxaras enormes, alguns a pesarem tanto como o peso do pescador.

Levando, depois o produto no mercado do peixe, perto da margem do lado de Cuiabá, consistindo de uma ampla feira onde inclusive abundam frutas e verduras de espécies variadas, açougues, etc. Sendo surpreendente a quantidade de peixes e seus tamanhos enormes, onde se vê também lindos dourados, o mais belo dos peixes, alguns pesando vinte ou mais quilos; jaús que variam entre 20 a 50 quilos.

Um rapaz que vimos numa das margens do rio, portava uma peneira e bateia, estava a garimpar e, a cada momento que bamboleava a bateia tirava do fundo dela pequenas pepitas de ouro. Disse-nos ele ali estava garimpando por algumas horas apenas para levantar cerca de uns dois mil reais, o suficiente para pagar os direitos de uma banca no mercado, o que foi conseguido no lapso de cerca de umas duas horas apenas.

Garimpos de ouro abundam nas proximidades de Cuiabá e em várias outras cidades interioranas, destacando-se Poconé, distante apenas de uns cem quilômetros, Peixoto de Azevedo, há cerca de 700 quilômetros, Apiacás, nas suas proximidades e adjacências. Ao passo que garimpos de diamante existe Diamantino, 200 klms., Poxoréu, 200 klms., Aripuanã, 700 klms. e inúmeros outros mais. A representar movimento intenso responsável por circular dinheiro abundante, havendo inúmeras lojas de venda de material destinado aos garimpos. Havendo cidades onde as transações são feitas à base de ouro, inclusive compras de mercadorias e até em supermercados, sendo todos eles apetrechados com balanças destinadas a pesar ouro.

Ocorrendo, também, que medra o crime em muitos garimpos, tocaias diversas de uns roubando o ouro dos outros, a disputarem os melhores pontos adequados à exploração.

Abundando as ossadas nas selvas virgens onde a lei não chegou. Meretrício desenfreado onde a atividade sexual é também paga com pepitas de ouro.

Cuiabá foi fundada nos velhos tempos do Brasil colonial quando os Bandeirantes da confiança do Imperador se embrenhavam nos sertões valentemente, subindo pelo Rio Cuiabá quando era, então navegável. Tendo desembarcado nessa região e descoberto ouro que, então existia em abundância, onde originou-se inicialmente sob o nome de Minas do Cuiabá.

Tendo, com o correr dos tempos se tornado o centro de uma grande região que representa passagem forçada para quem vem do Paraná e de São Paulo e se dirige em direção

278

a cidades da região norte, tais como Sinop, Alta Floresta, Peixoto de Azevedo e outras, até alcançar o vizinho Pará.

Do lado inverso, direção oeste, demanda-se para Rondônia, Acre, etc.

Enquanto que aos pontos cardeais inclinados para o leste, vamos deparar com a limítrofe Goiás, Tocantins, Brasília, Minas Gerais, etc.

Inúmeros são os pontos turísticos dessa região, a começar pelos pantanais matogrossenses para onde acorrem turistas de outros Estados e numerosos estrangeiros.

Bastante próximo de Cuiabá existe a Chapada dos Guimarães, com sítios graníticos impressionantes, a se assemelharem a Vila Velha próxima de Ponta Grossa, grutas afamadas, saltos maravilhosos. Havendo comentários ou lendas de que nesses sítios da Chapada existe um ambiente adequado ao misticismo, onde habitam eventuais pessoas que abandonaram suas casas para irem aí viver em contato só com a natureza. Assim como essa região recebe com freqüência místicos das mais variadas partes do globo.

Havendo um mirante nessa rodovia onde se avista o afamado Caldeirão do Inferno, um enorme poço gigante, com mais de 50 metros de diâmetro e uma centena de metros profundidade, constando que não foram poucas as pessoas que já foram jogadas nesse fosso horroroso e, onde existem lendas de gemidos que se ouvem vez por outra de almas penadas. Pelo menos se ouve o uivar de vento sibilante cujas lufadas atritam nos granitos enormes próximos desse local. Sentindo-se calafrios ao se olhar as profundezas desse verdadeiro Caldeirão do Inferno!

Em qualquer direção ao redor de Cuiabá existem numerosos locais turísticos, extensas cachoeiras trovejantes, saltos de grandes alturas. Rios piscosos, então nem se fala, destacando-se nas proximidades de Cáceres o caudaloso Rio Paraguai que, como o Cuiabá, também deságua nos Pantanais; onde o turismo da pesca é intenso; e em Barra do Bugres onde o Rio dos Bugres deságua no Rio Paraguai. Mais em direção ao Norte temos Rio Arinos, Rio das Mortes, Juruena, Xingu e outros. Existindo de curioso as direções dos cursos desses últimos rios que se dirigem em direção norte, em direção à bacia amazônica. Ao passo que os mencionados anteriormente escorrem na direção sul, endereçando suas águas para a bacia do Prata.

Assim Cuiabá tem, também, como renda, turismo intenso, embora peque muito ainda em organização ideal para essa finalidade.

A pecuária do Mato grosso é também apreciável, embora a maior fonte mobilizadora do progresso resida na agricultura, com destaque a produção de soja, no que alcança um dos primeiros lugares no país. Assim como a produção de algodão.

Na cidade vizinha, fronteiriça de Cuiabá, Várzea Grande, onde se situa o aeroporto da região, destaca-se número elevado de atacadistas de secos e molhados, concessionárias de automóveis e caminhões, assim como de maquinária agrícola e eventuais indústrias onde destaca-se importante frigorífico da Sadia Oeste, originada de Santa Catarina.

Carecendo, a região de industrias de maior porte como decorrência da escassez de energia elétrica, inexistindo ainda hidroelétricas de grande porte, desde que a única existente, Usina do Manso, distante de uma centena de kms., ainda não produz a totalidade do seu potencial. Fato desairoso que afasta os eventuais investidores potencialmente interessados em se estabelecer nesta região, sejam eles nacionais ou alienígenas que poderiam industrializar a região. O que já não ocorre, comparativamente, no vizinho estados de São Paulo e Paraná, onde abunda energia elétrica e hidroelétricas de grandes portes.

Marcos a Júnior continuam se divertindo em fins de semana a pescarem, ora nas barrancas e outras usando canoa em lugares mais fundos, quando programam capturar peixes de portes maiores. Voltando sempre para casa com verdadeiras sacadas de peixes, a abarrotar o freezer e pondo Kátia admirada de como se especializaram nessa agradável arte.

Kátia continua a mesma musa de sempre, a se enfeitar e a provocar Marcos e a repetirem as delicias sexuais lembrando os tempos em que começaram a se relacionar avidamente de modos incorrigíveis, vivendo a maior felicidade que se possa aspirar. Anualmente viajam ao Paraná em férias e a visitarem os parentes e a irem passear nas praias, especialmente em Guaratuba onde possuem lindo lote distante da praia de dois quarteirões apenas, recebido por Marcos quando advogava ainda em Curitiba. E onde pretendem construir pequena vivenda.

Interrompendo por aqui, por hora, onde foram registradas tantas e inéditas AVENTURAS DE UM ADVOGADO.

... extensas e lindas cachoeiras trovejantes próximo de São José do Rio Claro, Mato Grosso...

Formações rochosas colossais próximas à região do rio Ponte de Pedra, a Oeste do município de São José do Rio Claro. Segundo a mitologia do povo indígena, surgiu a nação Paresi, seus ancestrais teriam saído de uma fenda de determinada pedra neste local. "O pica-pau anão e a arara abriram a pedra e assim saiu Wazare chefiando os grupos do povo Paresi" – diz o mito. No entanto não há mais povo Paresi neste lugar.

CAPÍTULO 52

Marcos compra casa e instala escritório

Corria o ano de 1986 quando o governo federal deu início ao movimento de reforma agrária instituindo o IBRA – Instituto Brasileiro de Reforma Agrária, posteriormente transformado em INCRA – Instituto de Reforma Agrária. Tendo por finalidade primordial desapropriar áreas de terras não aproveitadas, assim como a organizar mais adequadamente a cobrança de imposto rural. Como decorrência dos processos de desapropriação o governo passou a indenizar os proprietários mediante a entrega de TDAs., Títulos da Dívida Agrária, com prazos mínimos de pagamento de dez anos. O que passou a desestimular a compra de imóveis rurais. Com a intensificação da mobilização dessas atividades houve como que uma decadência violenta no comércio imobiliário de imóveis rurais. Muitas colonizadoras e imobiliárias foram desativadas.

Assim, como não podia deixar de ser, a colonizadora assessorada por Marcos foi impelida a entrar pelo mesmo *brete*(*). E, se não desativou totalmente, reduziu o volume de suas atividades. Acontecendo que não teve mais condições de continuar pagando o salário que pagava a Marcos.

(*) Corredor apertado onde vacinam gado

Mas, felizmente, Marcos que instalara escritório bastante próximo da colonizadora, passou a desenvolver as atividades da banca pela cidade, grangeando apreciável clientela, ao ponto de não ter necessidade de contar mais com o salário que recebia. Prosseguindo, entretanto, como assessor de Pernambuco para os problemas que surgissem e concordando em receber apenas honorários das causas que viesse a patrocinar.

Depois de alguns meses Marcos já possuía recursos financeiros suficientes para comprar os direitos de uma casa financiada tipo BNH, para a qual se mudou, onde instalou, também o escritório para livrar-se, a um só tempo de aluguel de casa e de escritório. Além de ter dispensado, também a secretária, função que voltou a ser de incumbência de Kátia, aliás secretária insuperável. Passando, ainda a possuir só um telefone quando necessitava possuir dois quando mantinha escritório longe de casa. Tendo Kátia plantado várias árvores frutíferas no quintal, incluindo coco, maracujá, goiaba, laranja, limão, acerola,etc. Alem de criar galinhas de raça avermelhada que botavam ovos lindos de cor amarronzada, graúdos. Tendo sido feito fogão de lenha – como em outras casas anteriores e, construído pequena piscina para se arrefecerem, quando possível, do calor sufocante da região.

Além das atividades de advogado militante, Marcos passou a pesquisar intensamente e a escrever livros jurídicos, os quais foram sendo lançados, um a um com o correr dos anos. O que passou a aumentar, embora moderadamente, a renda relativa a direitos autorais, cuja bibliografia de Marcos vem relacionada na seção adequada desta obra.

E os amigos de Marcos indagavam:

– Mas como achas tempo para escrever?

– Facilmente, respondia. Recolho-me ao leito às 22 horas, durmo durante cinco horas e levanto-me entre 3 e 4 horas da madrugada, quando não sofro interrupções de clientes e telefone.

Fazendo, aqui, pequena pausa, para depois prosseguir com mais outros episódios que, como os últimos, retratam, abundantemente estas incríveis AVENTURAS DE UM ADVOGADO.

CAPÍTULO 53

Dois júris a um só psicopata

Existiu, há alguns anos passados, um colega de Marcos que teria sido seu assistente e colaborador no departamento jurídico de uma importante empresa de cobranças, tendo ele anteriormente sido sargento do exército e posteriormente sargento da polícia militar, depois cursado o bacharelado em Direito e, ainda recém formado fora contratado para auxiliar Marcos como foi dito.

Como era agraciado do dom da palavra, foi eleito Presidente da entidade recreativa desses militares. Tendo, também se candidatado a deputado estadual, não tendo, porém alcançado número suficiente de votos para se eleito. Muito afeito a dedicar-se à assessoria de causas militares, culminou por tornar-se um expert nessa área, muito procurado pela classe militar. Tendo, Marcos se afastado da assessoria da mencionada empresa, Jerferson, seu nome, passou a ocupar o lugar antes ocupado por Marcos.

Um belo dia, porém, aparece no escritório de Marcos a pedir-lhe socorro porque o dirigentes da entidade policial que assessorava, o procurou para fazer, ao mesmo tempo, dois júris a um militar afamado como matador. Havia cometido dois homicídios a um só tempo em Cáceres e dois, acrescido de uma tentativa, em Várzea Grande. Atemorizava-se porque nunca havia feito júris e, assim, temia ser mal sucedido.

Dizia ele que o homicida ofereceria em pagamento um carro marca Opala usado em bom estado e determinado valor em cheques pré-datados para serem pagos aos poucos.

Aceitamos a oferta e passamos a dar instruções a Jeferson do que deveria fazer e não fazer, mas que Marcos apresentaria sua tese em primeiro lugar, faria primeiramente a parte oratória e, com base no que fosse feito por Marcos, ele desenvolveria sua tese e oratória. Mesmo porque tinha um dom natural para orador e estava habituado a falar em público.

Tratava-se, o réu de autêntico psicopata que teria já passado por tratamento psiquiátrico por médicos da entidade militar. Tendo Marcos e Jéferson procurado seu médico que atestou que ele padecia de anomalias psíquicas e dependente de medicação psicotrópica.

Porquanto Marcos pretendia, se não o absolvesse por incapacidade mental como inimputável, pelo menos conseguir redução de pena pelos mesmos motivos de incapacidade mental.

Era, ele, como militar, lotado como piloto de lancha da PM destinada à repressão à depredação do Rio Paraguai nos pantanais, inclusive ao combate aos chamados *coureiros*, ou seja, gangs que matavam jacarés para traficar com couros. Sendo que havia gangs perigosíssimas, muito bem armadas que resistiam à bala os perseguidores militares. Tendo ele enfrentado, muitas dessas resistências, com troca de tiros, e que inclusive tinha várias cicatrizes de ferimentos de bala pelo corpo.

Ora, Marcos não poderia perder a oportunidade de apresentá-lo como um dos heróis da PM na defesa dos interesses da sociedade, a merecer elogios por desenvolver atividades tão perigosas, a pôr em risco a própria vida em defesa da sociedade. Não obstante tivesse cometido dois homicídios de pessoas que estavam numa praça central da cidade.

Finalizando a oratória por pedir ao juiz que, se entendessem os jurados não devesse ele ser absolvido como inimputável como decorrência da enfermidade psíquica de que padecia, conforme comprovação pelo laudo médico, que pelo menos fosse reduzida a sua pena pela metade da que viesse a ser condenado.

Ao passo que Jéferson, na sua inexperiência passou a debater na negação feita por ele de que não havia atirado nas vítimas. Ora, depois de várias testemunhas de acusação prestar depoimentos inafastáveis de que ele os matou covardemente, em piedade, não obstante os pedidos de misericórdia feito pelas vítimas. O que identificou como ter matado ambas vítimas de maneira da mais covardes que e possa imaginar. Cujos argumentos de defesa teriam se tornado como que imprestáveis.

Culminando por ter sido condenado pelas penas mínimas, de que tanto se debateu, repetidamente, Marcos. Ou seja, 12 anos para cada homicídio, e 24 por ambos. Sendo certo que a pena é de 12 a 30 anos.

Logo, tendo o juiz reduzido pela metade, no total de 24 anos, o resultado teria representado um sucesso da defesa da responsabilidade de Marcos.

Já, o outro júri que seria feito logo a seguir, esse mesmo psicopata havia usado uma metralhadora da PM e a descarregado num rapaz, em sua irmão, matando-os covardemente, e ainda atirado em direção ao pai de ambos que fugia, tendo acertado tiros nas penas desse senhor.

Utilizando-se dos mesmos argumentos utilizados na defesa do júri anterior, para resumir, conseguiu convencer o juiz a aplicar, também pena mínima, 12 anos para cada casos, totalizando 36 ao todo. Tendo sido condenado a cumprir no Presídio de uma corporação militar estadual por ser ele um policial militar. Onde desfrutava de muito maiores regalias do que nas penitenciárias normais.

Tendo Marcos recebido o mencionado carro e o vendido, mas quanto aos cheques pré-datados, não tendo sido possível de terem sido pagos por incapacidade financeira, Marcos os devolveu ao réu, perdoando o restante dos honorários.

Um detalhe importantíssimo foi omitido de ter sido contado, logo depois de terminada a sessão do júri havia enorme multidão de pessoas que não couberam no plenário, tendo tomado conhecimento da condenação, ao passarem com o réu fortemente escoltado por dezenas de militares fortemente armados, cuja plebe, em uníssono emitiu uma tremenda vaia, ovacionando em coro:

UUUUUUUUUU.....! Cadeia com ele!!!!

Marcos e Jeferson ficaram simplesmente horrorizados com essa ovação e, também guarnecidos por uma escolta militar, dirigiram-se celeremente para seus veículos para distanciar-se o mais rápido possível daquele antro de gente perigosa. Fato cujos murmúrios ovacionantes não seriam esquecidos talvez para sempre.

Arrolando-se, mais essas inéditas e inacreditáveis AVENTURAS DE UM ADVOGADO.

Capítulo 54

Marcos é recebido a bala pela polícia

Marcos tem uma cliente chamada Janete, há muito anos, francesa de nascimento, filha de mãe francesa que ainda mora em Paris e de pai chinês, industrial abastado. Janete, embora contando com cerca de 50 anos, ainda tem aparência de chamar bastante atenção dos homens não só pela sua beleza como formas físicas invejáveis, além de estar sempre a se trajar com elegância, quando na cidade, mas de jeans e até macacão quando está a por a mão na massa junto com os tratoristas e mexer com peças mecânicas e consertos de máquinas, tendo, por isso mãos tipo masculinas.

Janete teria vindo para o Brasil ainda adolescente, tendo-se casado com empresário brasileiro de terraplanagem e mineiração de garimpo.

Quando Janete recebe a visita de sua mãe, o que ocorre mui raramente dialoga com ela na língua que aprendeu na infância, não tendo se esquecido totalmente desse maravilhoso idioma. Quando Marcos está presente nessas visitas, dialoga, também com essa senhora, porquanto estudou bastante esse apaixonante idioma que, lamentavelmente teve seus períodos de glória nos tempos antigos, quando ninguém era considerado culto se não falasse francês.

Há alguns anos passados, um dia, *an belle jour*, Janete procurou Marcos desesperada porque seu carro estava depositado na concessionária Volkswagen da cidade de Rondonópolis, Mt., onde uma de suas belas filhas o havia depositado para ser consertado e só retirado depois de devidamente pago o conserto que era coisa séria e custosa.

Essa sua filha, lindíssima, olhos azuis e corpo impecável de musa helênica, era de uma rebeldia incomparável. Abandonara um marido médico para acompanhar um ex-tratorista do marido de Janete, por quem se apaixonara, não obstante não passasse de chefe de gang de ladrões de carretas.

Explica-se que o carro havia sido depositado para conserto nessa oficina porque o biltre amante dessa sua filha conseguiu convencê-la a sair com o carro da mãe, sem sua autorização prévia para utilizá-lo na nefanda atividade de roubar carretas. Usavam como iscas essa sua amante e outra irmã, para atrair motoristas nas margens das rodovias. Formavam elas uma dupla de moças irresistíveis a que facilmente conseguiam paralisar as carretas. Depois, os assaltantes, previamente escondidos, surgiam para completar o assalto. Embora não tivessem matado nenhum deles ainda, apenas os amarrando em árvores ou deixando-os nus para dificultar perseguição.

Mas como consistem esses pilantras de verdadeiros selvagens, exagerando em velocidades no uso do carro de Janete, destruíram as engrenagens de câmbio ou diferencial, conseguindo, ao muito, chegar com o veículo até a dita oficina. Depois, essa filha ligou para a mãe contando apenas que o carro estragou e que estava sendo consertado ali, onde precisaria pagar o conserto para retirá-lo. Tendo, depois, eles, alugado um carro numa locadora, para o que essa filha rebelde teria usado um cartão de crédito, também de sua mãe, onerando-a ainda mais, financeiramente.

Vejam, como agem alguns filhos da gente!

A seguir, numa dessas tentativas de roubo acabaram sendo presos, as duas filhas e um do membros, exceto o chefe, amigo da mencionada jovem, que conseguiu escapulir espetacularmente da polícia. Mas, na prisão contaram tudo sobre o carro que estava na Volkswagen. E, assim, a polícia, advertida a esse respeito deixou instruções para que se o carro fosse procurado deveriam acionar a polícia para tentar prender o chefão da gang.

Marcos sequer imaginava a surpresa que o aguardava quando aparecesse com Janete para apanhar o amaldiçoado carro. Assim, foram para Rondonópolis em outro carro de Janete.

Tendo esta se apresentada na recepção para pagar o conserto e levar o carro para sua casa. Ocasião em que, longe dela ligaram para a polícia contando o ocorrido. Sendo que minutos depois chegavam dois veículos repletos de polícia fortemente armados.

Era, esse dia, tipo de feriado e todo mundo liberado para depois do almoço assistirem a uma partida de futebol, parece-nos que em Moscou, numa Copa do Mundo. Razões porque havia só um recepcionista e um mecânico da oficina.

Marcos havia se dirigido aos sanitários para urinar. E, quando abriu a porta para sair, levou um tiro pelas ventas, quase o acertando, mas batendo a bala no reboque da parede, jogando estilhaços no rosto de Marcos, fazendo sangrar um pouco no rosto.

E dirigindo-se ao animal que deu o tiro, indagou:

– Estão afim de me matar? Mas nada fiz que justificasse isso. Se estão aqui para fazerem assalto, podem agir à vontade. Que não vou atrapalhar, Estou apenas acompanhando uma cliente que veio buscar seu carro.

Disse-lhe Marcos, imaginando tratar-se de um assalto por aproveitarem o ensejo que estava quase tudo vazio por lá.

– Não somos assaltantes – respondeu o animal que deu o tiro – somos da polícia e viemos para prendê-lo como chefe da gang de ladrões de carreta.

– Não sou nada disso. Sou advogado e posso mostrar minha carteira de advogado. Sou advogado da senhora que veio buscar seu carro, já disse.

– Não quero ver sua carteira que deve ser mostrada ao delegado.

– Mas porque atirou e minha direção se não resisti à prisão?

– Foi só para assustá-lo – respondeu o animal do policial.

Mas, percebendo que não se tratava de um bandido, respondeu rispidamente:

– Quem lhe disse que me assusto com a porcaria de um tiro?

– Vamos indo, depressa, disse o animal, empurrando Marcos agressivamente.

Quando Marcos se aproximou dos outros agentes, um deles pegou algemas e algemou Marcos com as mãos para trás. Quando Marcos disse:

– Já disse que não sou bandido e sim um advogado e vocês vão pagar caro por estarem me tratando como bandido.

Janete resistiu de ser algemada e eles a respeitaram por ver tratar-se de pessoa com aparência de importante.

Marcos preferiu não resistir por conhecer bem essa escória de policiais que agridem as pessoas com a maior facilidade. O que seria bem pior se acontecesse.

Chegando na delegacia colocaram Marcos dentro do banheiro que cheirava mal. Tendo que esperar aí por uns dez minutos enquanto o delegado inquiria Janete.

Finalmente mandou chamar Marcos e, quando chegou em frente ao delegado este levou a mão para cumprimentar Marcos.

– O senhor não está vendo que estou algemado?

– Tirem as algemas do doutor, seus idiotas. Quem mandou fazer isso?

E o delegado levou a mão para cumprimentar Marcos.

Mas Marcos não lhe estendeu a mão e disse:

– Não tenho prazer em conhecê-lo. E muito me admiro que o senhor sendo Bacharel em Direito consiga tratar como bandido a um advogado. Ao que ele tentou defender-se, redargüindo:

– O senhor vai me desculpar, doutor, mas os agentes estavam a esperar um bandido que deixou o carro para ser consertado. E, tendo o senhor e sua cliente comparecido para buscá-lo, tinham razão para acharem que o senhor era o dono do carro, portanto o chefe da gang.

– Mas eu disse a eles que era advogado e quis mostrar minha carteira da OAB e eles se recusaram de a ver. Dizendo que eu a apresentasse ao senhor.

– Mas vocês não perdem por esperar porque vou denunciar tudo ao Secretário de Segurança. Porque vocês têm patrões, mas não eu.

Bem, como já ouvi a senhora dona do carro e mandei liberá-lo, agora vou para casa assistir à partida com a Rússia, depois retornarei para que o escrivão tome seus depoimentos por escrito.

Demorando cerca de umas duas horas, depois retornando com o escrivão que tomou os depoimentos de Janete.

Finalmente nos liberou a mandou que alguns agentes nos acompanhassem até a Volkswagen para autorizar a entrega do carro.

Depois do que partimos de retorno para Várzea Grande. Tendo Janete pago apenas dois salários de honorários porque, dizia ela, só tinha esse dinheiro no momento. Mas como tinha fama de má pagadora, as coisas ficaram por aí mesmo. Quanto às filhas de Janete, estavam presas e sendo defendidas por outros advogados.

Marcos foi ao fotógrafo para ser fotografado seu rosto bem de perto para aparecer a pequena cicatriz feita pelo estilhaço do tiro e elaborou um artigo num jornal onde tinha uma coluna jurídica, contando tudo e titulando em letras garrafais

"ADVOGADO DE CUIABÁ É RECEBIDO A BALA POR AGENTES DA DELEGACIA DE POLÍCIA DE RONDONÓPOLIS"

Levando um exemplar ao Secretário de Segurança onde registrou queixa, mas jamais ficou sabendo que fosse feito alguma coisa nesse sentido, como é muito comum ocorrer. A OAB, embora tenha visto, também o jornal sequer providenciou um desagravo, como é de hábito ser feito nessas circunstâncias.

Encerrando, aqui, mais esses incríveis episódios inenarráveis das AVENTURAS DE UM ADVOGADO. Au revoir, mon ami.

Capítulo 55

O assassinato da guardiã

Sandra era uma funcionária de uma autarquia federal, mãe de dois lindos garotos, de quatro e cindo anos. Contava ela com pouco mais de quarenta anos e vivia maritalmente com um colega de serviço, pois se divorciara há cerca de um ano antes.

O ex-marido passou a viver na companhia dos pais numa fazenda situada próxima da divisa com Goiás. Vez por outra vinha ele visitar os meninos, saindo a passear com eles. Na última visita, entretanto, resolveu levar os meninos para passar uns tempos na fazenda, sem ter pedido autorização à mãe. Ela ficou sabendo porque ligou para a mãe dele e ficou sabendo da estória. Passando de quinze dias que não devolvia as crianças Sandra contratou um advogado para providenciar a busca e apreensão dos filhos.

De posse da carta precatória endereçada ao juiz daquela comarca, o advogado se encaminhou para essa cidade, tendo Sandra resolvido acompanhá-lo para tão perigosa diligência.

Deferido o cumprimento da carta precatória foi ela entregue aos oficiais de justiça, tendo eles sugerido de levar reforço policial por questão de segurança, inclusive porque o homem tinha fama de psicopata - como realmente o era, tendo já sido internado em nosocômio psiquiátrico para tratamento mental – além de que era grande forte. Mas a mãe dos meninos achando que eles poderiam se assustar com a presença de tanta gente, solicitou que fosse dispensado reforço policial, no que foi atendida já que era esse advogado amigo velho de Sandra e preferiu não contrariá-la.

Chegando na fazenda e tendo o oficiais informado o que tinham ido lá fazer, enquanto conversavam com a mãe do psicopata, este afastou-se por uns instantes, retornando com um revolver na mão e o descarregando à queima-roupa em Sandra, portando-a no solo a debater-se, tudo feito em frente do oficiais de justiça e do advogado. Tendo a corajosa mãe dele avançado e tomado o revólver, entregando-o ao advogado.

Preocupados com o estado gravíssimo de Sandra, levantaram-na e a colocaram no assento traseiro do carro, sendo amparada pelos dois oficiais de justiça e partiram velozmente para levarem-na em um hospital, mas a pobre mãe, não resistindo a gravidade dos ferimentos, chegou já morta.

Tendo, um irmão do homicida a levado num avião de sua propriedade para a cidade de Tangará da Serra, onde moravam seus pais. E o advogado retornou, muito traumatizado a Cuiabá, sem sequer ter cumprido a busca e apreensão dos meninos. Os quais foram deixados, provisoriamente com os avó paternos.

Acontecendo que na petição de busca e apreensão havia sido juntado uma carta , que, provavelmente já previa uma desgraça assim, em cuja carta ela encarecia que, se lhe acontecesse alguma desgraça com ela, que, por favor levassem os filhos para casa de seus pais em Tangará da Serra, inclusive para freqüentarem escola, já que na fazenda do pai desse psicopata não havia escola.

Tendo os pais de Sandra viajado, a seguir, para Cuiabá pediu à sua colega de serviço que providenciasse outro advogado para providenciar novo pedido de busca e apreensão para levar os meninos em sua companhia, como havia sido pedido por Sandra.

Quando essa colega de Sandra, que conhecia Marcos, o contratou para essa providência. Tendo o companheiro que vivia maritalmente com Sandra pedido para acompanhar Marcos, mesmo porque era muito ligado com os meninos. Era ele valente e andava armado com revólver para defender-se. Se fosse o caso.

Tendo, então Marcos protocolizado o pedido e recomendando adequado reforço policial à vista de como a primeira diligência revelou-se extremamente perigosa.

Tendo sido providenciado uma Kombi da Prefeitura repleta de PMs fortemente armados.

Marcos, por precaução não acompanhou os oficiais de justiça e os PMs., nem mesmo consentiu que o companheiro de Sandra os acompanhasse. Tendo combinado com o comandante do destacamento que, no caso do pai das crianças querer acompanhá-los, que o trouxessem algemado e que não visse Marcos para não o conhecer e depois fazer represália mandando o atocaiar.

Mas, felizmente, ficou na fazenda e em seu lugar veio a avó para acompanhar os netos. Tendo o mesmo irmão que já teria levado o corpo de Sandra para Tangará da Serra, levando, agora, os meninos,para passarem a viver com os vós maternos; tendo os acompanhado o mencionado padrasto companheiro de Sandra.

Tendo Marcos trazido de volta para Cuiabá o carro no qual vieram até essa cidade, o qual pertencia a Sandra.

Eis aí, mais alguns episódios inéditos a ilustrarem estas surpreendentes e inacreditáveis AVENTURAS DE UM ADVOGADO.

Capítulo 56

Diligências perigosas em Barra do Bugres

Barra do Bugres, pequena cidade distante de cerca de 250 quilômetros de Cuiabá, onde o Rio Bugres deságua no Rio Paraguai, formando um pequeno delta.

Poucos dias depois da chegada de Marcos em Várzea Grande, foi procurado por Pedro para acompanhá-lo numa medição de terras cuja legalização de documentação ele vinha assessorando para um dos cliente de seu escritório.

— Acho que você deve ajuizar, antes, ação demarcatória, via da qual o juiz determina a demarcação que deve ser acompanhada por oficial de justiça e, se necessário reforço policial.

— Que nada! Por aqui, as coisas são feitas na *brabona* mesmo e não se perde tempo com ajuizamento de nada.

Vinha ele nos procurar porque não requereu judicialmente essa medição de terras, que tentaria fazê-la por sua conta mesmo, na esperança que não sofresse intervenção de parte do dono das terras.

Era, Pedro, dessas pessoas metidas a importante que costuma perguntar ao outros:

— Sabe, com quem está falando?

É costuma portar alguns documentos que impressiona as pessoas, tendo, por exemplo um expedido por um delegado de polícia como Inspetor de Quarteirão, com emblema da república; carta da esposa do governador o apresentando como cidadão de utilidade social, tendo ainda título de Comendador dessas entidades que emite tais títulos a título do titular financiar festanças de diplomação, onde aparecem alguns figurões, cujos títulos de nobreza falem tanto como nada, se bem analisados e assim por diante. O que o faz convencer que trata-se de pessoa muito importante. No entanto sequer cursou o primeiro grau completo, demonstrando reflexos de pouco culto, mas muito inteligente e bastante informado da maioria dos assuntos gerais. Inclusive internacionais.

Sugeriu, Marcos, que ao passar pela cidade de Barra do Bugres solicitasse ao delegado pelo menos um agente policial para o acompanhar. Mas já se fazia muito tarde, mais de duas horas da madrugada. Quando Marco sugeriu que pernoitássemos num hotel para falar com o delegado pela manhã.

– Deixa comigo que dou do recado, redarguiu Pedro.

A área mencionada distava de cerca de uns dez quilômetros do centro da cidade e partimos para lá.

Acordando gente sua que vinha já fazendo picadas na área, antecipadamente, estendeu redes para se dormir um pouco até amanhecer o dia.

Acontece que o capataz da fazenda, que percebeu a presença da peãozada de Pedro, já havia acionado a polícia a esse respeito, e, quando menos se espera chegaram os agentes da polícia gritando:

– Mãos na cabeça. Aqui é a polícia.

Acordando a gente com coronhadas de fuzil pelo corpo.

– Calma, disse Pedro; estou aqui acompanhado de **advogado**, – como se a presença de advogado poderia justificar os atos ilícitos que vinha praticando, de ter penetrado em propriedade alheia sem ordem judicial e desacompanhado de oficial de justiça.

Revistando todo mundo tomou uma linda máquina 635 que Pedro sempre carregava consigo.

– Quero minha arma! Dizia ele. Tenho porte para carregá-la.

– O delegado lhe entregará depois. Por enquanto ela fica conosco – redarguiu o policial.

Levando todo mundo preso até a delegacia a terem de esperar para amanhecer o dia. Pois era madrugada e estava escuro ainda.

Amanhecendo o dia, chegou o delegado e disse:

– Ah! Então o senhor é o famoso Pedro que vai invadindo terras alheias como se fosse dono do mundo? Pois aqui está um Mandado de citação por invasão de posse que o dono da terra já providenciou contra a sua pessoa. Faça o favor de receber.

– Acontece que tenho uma carta do assessor do Secretário de Segurança me autorizando a fazer essa medição.

E, realmente tinha mesmo, mas com a ressalva de que devesse respeitar eventual ordem judicial em contrário.

– Mas o senhor não leu a ressalva final, para respeitar ordem judicial em contrário. Pois ela está já em suas mãos. E lhe aconselho a retirar imediatamente todo o seu pessoal dessa área dentro de duas horas. Caso contrário, sinto muito, terei que fazer coercitivamente e mandando prender todo mundo inclusive o senhor, lavrando flagrante e encaminhando ação de esbulho ao juiz criminal.

– O senhor tem quinze dias para contestar a ação de reintegração de posse.

Pedro virando-se para Marcos indagou o que achava que deveria fazer.

Tendo Pedro aconselhado que obedecesse ao delegado imediatamente, enquanto ainda não estava preso. Pois o homem não estava brincando.

– Então, dirigindo-se ao delegado disse que iria obedecê-lo, mas que duas horas não bastavam porque precisaria buscar um caminhão em Cuiabá para remoção do material, ferramentas, etc. e ainda levar embora o pessoal que estava trabalhando.

– Ora, – disse o delegado – o senhor não precisa ir até Cuiabá. Pode fretar um caminhão de aluguel na cidade, onde existem diversos,e, com isso acelerar o desocupamento da área.

Tendo Pedro concordado e indo logo à procura de um caminhão, retornando com ele depois de uma hora e passando a carregar tudo.

– Vou devolver sua arma, muito embora seu porte esteja vencido. Trata de providenciar outro senão qualquer outro policial lhe tomam sem a devolver. E o senhor sai prejudicado.

A seguir Pedro disse a Marcos que contestasse a ação que acabara de ser citado.

– Negativo, disse Marcos. Não ajuízo causa para perder. Pode procurar outro advogado.

Além do que Pedro dava muito serviço a Marcos, mas ele mesmo estabelecia o valor dos honorários, ou seja, de modo miserável, pagando verdadeiras migalhas para seus serviços. Marcos só continuava a assessorá-lo porque ele o recomendava para outras pessoas e angariava causas para seu escritório.

Assim, Pedro contratou outro advogado descedente de nipônicos que cobrou, adiantadamente *os olhos da cara*, como dizem por aí quando é muito caro.

Perdeu a ação em primeira instância e, cobrando mais para apelar, perdeu também no tribunal. Pagando caro até demais pelas suas arrogâncias e arbitrariedades.

Tão cedo Marcos não se esquecerá que já foi preso junto com Pedro e seus trabalhadores, com a horrorosa ordem policial:

"Mãos na cabeça, aqui é a polícia!"

Inscrevendo-se esses episódios para ilustrar abundantemente estas incríveis AVENTURAS DE UM ADVOGADO.

CAPÍTULO 57

Portal norte dos pantanais matogrossenses

Corre por todo o globo terrestre a fama dos pantanais matogrossenses, uma das maiores áreas ecológicas conhecidas no nosso planeta. Tendo como extremidade a região norte, inicia pelas margens dos rios Paraguai nas proximidades de Cáceres, cerca de duas centenas da Capital do Estado, com extensão ao Rio Cuiabá pelas bandas de Barão de Melgaço, pouco mais de uma centena de quilômetros de Cuiabá onde se descortina a vastíssima Baía do Chacororé, do que, para o leitor ter uma idéia é maior do que a Baía de Guanabara. E que quando forma vendavais, elevam-se ondas enormes, como no mar, capazes de ocasionar naufrágios.

Sítios esses onde vive quantidades incontáveis de animais ribeirinhos como jacarés, capivaras, lontras, sucuris, e outras cobras, e tantos outros animais; além de número incontável de aves em bandos a voarem ou no solo a alimentarem-se de pequenos animais, insetos, destacando-se verdadeiras nuvens de gafanhotos; mencionando-se

305

aves tais como garças, cegonhas, patos, marrecos, jaburus ou tuiuiús – como são chamados nesta região, que quando no chão medem mais de metro de altura. Verdadeiras nuvens de pássaros menores das mais variadas espécies, a fazerem em coro as maiores algazarras. Um mundo, enfim, selvagens adequado mais aos animais selvagens do que ao homem que revela-se despreparado para viver nesse mundo selvagem realmente perigoso. Onde predomina a lei do mais forte. Onde nuvens de mosquitos torna desconfortável em alguns lugares os passeios, havendo mosquitos cujas picadas resultam pruridos insuportáveis e, posteriormente pequenas pústulas e até feridas sérias.

Prosseguindo em direção ao sul esse monumental pantanal estende-se a algumas centenas de metro até terminar na região de Corumbá, onde, como vimos, já estivemos a passeio e trabalho.

Um dia Pedro convidou Marcos para um passeio aos pantanais onde deveria levar mantimentos ao empregados de uma fazenda que ele administrava. E Marcos aproveitaria para examinar um processo no Fórum de Poconé, a pedido de um cliente.

Poucas dezenas depois de Poconé, numa estrada muito pedregosa apropriada para danificar com o pneus dos veículos, divisa-se uma larga e alta porteira com os dizeres:

"PORTAL DOS PANTANAIS MATOGROSSENSES"

"ESTRADA PANTANEIRA"

Após cuja entrada existe uma barreira de agentes do IBAMA, protegidos por policiais militares, os quais fazem vistoria rigorosa destinada a prevenir depredação da natureza; armas de fogo, munições, apetrechos de pesca predatória como redes, tarrafas, etc. Havendo proibição rigorosa de caça, autorizando apenas pesca não predatória, limitando a quantia de pescado autorizada para uso não comercial.

Poucos metros adiante começa aparecendo animais e aves das mais variadas espécies, tais como capivaras, cotias, tartarugas, jacarés de variados tamanhos e, no que tange às aves, vê-se jaburus ou tuiuiús, como o chamam nesta região, alguns a voarem com suas asas da extensão de uns dois metros de envergadura, outros a caçarem no solo a medirem cerca de um metro de altura, garças, cegonhas, patos, marrecos, verdadeiras nuvens de pássaros das mais variadas espécies e cores a formarem uma orquestra ensurdecedora volumosa e alaridos estridentes, fazendo alguns bandos de pássaros verdes, papagaios, tirivas, araras, uma gritaria escandalosa, parecendo estarem desesperados. Aqui e ali abutres enormes, árpias e águias menores, aparentando formarem escalões de chefia pelas suas posturas e modos de olharem que aparentam aterrorizadores, dominadores. Sendo realmente, aves que representam perigo para a outras e para pequenos animais dos quais se alimentam, capturando outras aves em pleno vôo.

Nuvens tão grandes de gafanhotos graúdos a medir até vinte centímetros, de cor alaranjada, de tal maneira abundantes a formar nuvens tão grandes que até formam algumas sombras sob o sol. Ocasionando devastação na vegetação por onde passam, devorando ruidosamente as pastagens, ouvindo-se até o pequeno atrito de suas quelíceras a devorarem o capim e o mato. E, assim como vão comendo e defecando seguidamente, vão também depositando ovos aos milhares, que, dentro de poucos dias picam e nascem outras levas a continuarem devastar tudo de vegetação que encontre no caminho. Se existe alguma lavoura, devoram tudo, restando só as raízes. Ocasionam vultosíssimos prejuízos aos agricultores, quando eles resolvem aparecer.

Felizmente o que não é muito freqüente. Nos momentos, entretanto, de suas presenças intensificam, também verdadeiras nuvens de aves para se alimentarem deles. Quando se fartarão por muitos dias enquanto permanecerem vindo e indo, assim como chegam, desaparecem logo a seguir, felizmente. Pois do contrário as devastações seriam maiores ainda. Não se sabendo de onde vêm e nem para onde vão, o que se constitui mais um dos mistérios insondáveis, desairosos, da mãe natureza. Quanto a formigas existem em abundância, correições enormes que devoram animais mortos em fração de poucos minutos, deixando os esqueletos, apenas cujas eventuais picadas são terrivelmente dolorosas; ao passo que abundam também verdadeiras nuvens de mosquitos a zunirem aos nossos ouvidos, incluindo pernelongos que, onde picam formam, depois pequenas pústulas, chegando, por vezes a causar febres e até a morte aos mais alérgicos. Sem se esquecer dos múltiplos escorpiões e aranhas de tamanhos enormes a que chamam de tarântulas.

Em cujo habitat se diria inapropriado ao ser humano, praticamente desprovido de defesas naturais, constituindo-se de fácil vítima fadada a perecer facilmente num mundo de tantas hostilidades. E, somente recomendando visita passageira não demorada sem que esteja rigorosamente isento de voltar com algumas seqüelas, como é comum.

Voltamos da fazenda já anoitecendo e muitos jacarés se postam na pista de rolamento como quem é dono do caminho, pelo menos à noite quando os humanos raramente os perturbam de caçar. E, praticamente não se amedrontam com a aproximação do carro. Havia uma fila de quatro deles, dos mesmos tamanhos, parecendo serem irmãos. E, quando dirigiam o olhar em direção ao carro, seus oito olhos refletiam lugubremente a luz como se fossem pequenos holofotes reluzentes. Deixando, entretanto, impressões desagradáveis a lembrar seres sobrenaturais. A lembrar os filmes de terror do Hitchcok. Sendo que seus couros quadriculados, de superfícies polidas naturalmente, também refletiam as luzes projetadas pelos faróis, tendo-se a impressão de que possuíam luzes próprias. Quando algum deles arreganha a enorme bocarra, suas mandíbulas enormes causam a pior das impressões a se imaginar as desgraças das vítimas que capturam triturando-as para depois deglutir.

Pedro acelerava o carro e buzinava para os espantar, mas parecia que não se atemorizavam com isso e, iam se afastando muito calmamente, como quem não está com pressa. É como se dissessem, vão passando, seus intrusos dos diabos! Que estão a perturbar nossas caçadas!

Quando retornávamos, já na mais se ouvia o coral algazarrento dos pássaros, como durante o dia, salvo excepcionais gorgeios plangentes soturnos ou agourentos de eventuais aves de hábitos noturnos ou uma coruja aqui, outra acolá, na estrada de olhos acesos avermelhados, a refletirem a luz do carro como os jacarés; como também se ouvia o batraquear dos sapos POOOOMMM... POOOMMM... POOOMMM, miscigenado com o cricrilar das rãs KIRI... KIRI.. KIRI... no maior ranário do mundo; assim como o crocitar dos grilos, semelhantes aos das rãs.

A lembrar o Inferno de Dante em a Divina Comédia, canto IX:

"26. Quais rãs, que divisando a cobra imiga,

Todas da água no seio desaparecem,

E cada qual no lodo entra e se abriga,

27.Tais milhares de espíritos parecem,

Em derrota fugindo ante a figura

Que passa: n água os pés não se humedecem."

Chegando, finalmente pela porteira de saída Marcos punha a cogitar consigo mesmo da complexidade de um tal habitat inóspito ao homem na sua estrutura delicada pouco dotada de defesas naturais. Somente compreensível mesmo ao misterioso Criador da Natureza, onde se vê, ora lugares maravilhosos, ora horrorosos, do acariciante e do agressivo, por vezes silencioso, outras, estridente, ora um paraíso, outras um autentico purgatório, onde predomina a lei do mais forte.

A decepcionar o turista habituado num mundo onde predomina a liberdade e a segurança, só excepcionalmente abalada pelo crime.

Então, Marcos elevando a vista para firmamento, para esse espaço cósmico igualmente incompreensível e inatingível pela sua infinitude onde o mesmo Criador providenciou milhões de galáxias infestadas de incontáveis pontículos tremeluzentes, eternamente cintilantes, cujos conhecimentos ecológicos e astronômicos assimilou nos bancos universitários do curso reservado aos cientistas antes do bacharelado em Direito, e, maravilhado com tão límpido céu estrelado, e, sentindo-se perante o universo qual insignificante grão de areia, com a ressalva de possuir alma sensível, curva humildemente a cabeça em meditação e em preces que entende ser recepcionadas telepaticamente por Aquele que tudo pode, agradecendo pela vida, pela saúde, pelo ar, pela água, pelos alimentos – já que tudo Dele procede desoneradamente. Inclusive agradecendo também por lhe ter inspirado a cursar o Bacharelado em Direito e tornado advogado e tendo tido tanto arrojo, pertinácia, coragem e determinação para ter experimentado e vivido a tantas inenarráveis, indescritíveis e maravilhosas AVENTURAS DE UM ADVOGADO.

- F I M -

Epílogo

Quando acontece algo de extraordinário, excitante ou até desastroso, saímos correndo a contar aos nossos amigos, o que faz parte da personalidade, não tendo outra explicação os programas dos noticiários televisionados, senão o de satisfazer a curiosidade humana. Embora tenha como fundo o lucro auferido pela imprensa.

Não sendo outra a razão fundamental deste livro, cujo autor e sua prendada companheira, durante mais de três decênios,viveram, desde quando se encontraram num lindo e invejável romance que se esforçam por conservarem até os dias atuais, pelo menos uma sólida e rara amizade, repleta de felicidade.

Bem assim, por terem passado por tantas experiências inesperadas durante o exercício da advocacia, além de terem vivido e experimentado inúmeras e incontáveis cenas, ora deleitantes, ora dramáticas, enfim, perfazendo incomensuráveis, inéditas e inenarráveis aventuras, como acreditam não ter acontecido a outros colegas de profissão.

Dentre essas aventuras, algumas definindo o mais absoluto sucesso profissional, via do qual possibilitaria libertar pessoas de problemas os mais intrincados, vitimadas como sempre de teias gigantes que as envolvem inexoravelmente, quais insetos que não conseguem livrar-se sozinhos de emaranhados de problemas humanos sem a ajuda de um experiente advogado.

Assim como em tantas andanças quais verdadeiros nômades, a perambularem por inúmeras cidades de vários Estados da Federação, por onde andaram e, ao ensejo, visitando ou até conhecendo pela vez primeira os mais encantadores pontos turísticos, nos mais recônditos ermos da pátria, alguns até desconhecidos, não divulgados, de que muitos deles foram relatados na obra. De lugares e grupos humanos exóticos, vivendo longe da civilização, de diferentes hábitos e costumes humanos, de diferentes e diversificadas tribos indígenas, de informações folclóricas deleitantes, de lendas surpreendentes.

Muitas vezes transferindo dos ombros do cliente a carga pesada que carregava, para seus próprios ombros, liberando os clientes dos problemas que perturbavam suas vidas. Como assim já havia dito na sua obra Faça da Advocacia Um Sucesso, de que *"o advogado é um comprador de brigas e que se transforma no pára-choque que vai suportar as trombadas que estavam reservadas ao cliente"* (*)

Justificando a compilação da obra, também numa vontade irresistível de revelar à classe forense e à sociedade em geral a que impressionantes surpresas decorre da advocacia como um sacerdócio, muitas vezes a experimentar surpresas inéditas de cenas dantescas com o suplício da vida

_____

(*) Faça da Advocacia Um Sucesso, 3ª.edição 2005, pg. 74.

de clientes (**) como foram revelados casos inúmeros nas páginas do livro.

Tendo Marcos se admirado e se impressionado muito com a filosofia de vida do admirável filósofo Alberto Montalvão numa das suas obras filosóficas que forma maravilhoso conjunto sobre A PSICOLOGIA DO ÊXITO:

"Nunca permita que em seu espírito se apague a chama do entusiasmo. Muitas vezes você se encontrará em caminhos escuros. Muitas vezes também sentirá pressão do medo e da covardia. Conserve, porém, viva a chama do entusiasmo e o seu espírito de luta e derrubará todas essas influências demolidoras.

O entusiasmo é um poder que ajuda a perseverar e a resistir. Alimenta, portanto, o seu entusiasmo e tudo lhe parecerá mais fácil. A firmeza da qual dará prova governando seus atos, desenvolverá a sua própria segurança e logo se verá livre do "medo de não triunfar"....

O "gosto da luta" terá preponderância sobre o "medo de fracassar" e tocará a coisa pela frente com a certeza de que o objetivo será alcançado."...

"A maioria das pessoas espera oportunidades, mas só vencem aqueles que se dedicam a explorar possibilidades. Enquanto os primeiros esperam sentados o convite da ocasião para se sentarem no banquete da vida, os segundos, os que vencem, deixam as comodidades, o conforto, e saem à procura do progresso, do melhoramento, desafiando as contingências.

(**) Numa das cidades próximas à Grande Dourados, uma advogada recebera a visita de uma cliente para fazer divórcio, tendo sido chamado o marido ao seu escritório para tentativa de acordo amigável, este sacou do revólver matando a advogada e a cliente. Outro colega advogado, em Naviraí,MS., que arrojou-se a acompanhar os meirinhos numa diligência de medição rural, ficaram sepultados todos eles.

Quando se espera a chegada da oportunidade, geralmente esta não chega...Ninguém consegue realizar coisa alguma sentado confortavelmente numa poltrona".

Marcos, muitas vezes sentiu calafrios imaginando se não tivesse tido coragem e muita pertinácia de ter oferecido carona para Kátia, quando a viu parada num ponto de ônibus, como relatou nas primeiras páginas do livro, e, de cujo resultado, fruto do arrojo, conquistou essa criatura maravilhosa, com a qual passou a viver o maior romance que experimentou na sua vida. Além de ter em sua companhia uma prendadíssima criatura, que, além de tudo, como foi dito, é dona de um sorriso carismático e gênio maravilhoso.

Sendo esse um dos generosos prêmios resultantes da coragem e da determinação com que Marcos, rompendo os grilhões de um emprego generoso de quase vinte anos, que o prendiam como ostras às rochas partiu vitorioso, em busca de sucesso, advogando no interior do Estado pautada suas peregrinações por sucessivas vitórias por toda a parte por onde perambulou.

Assim, como lembrou-se, de outro turno o que teriam dito acerca de Cristóvão Colombo, em sua adolescência, por um amigo mais idoso, de que Colombo, quando jovem ainda e aspirando viajar pelo mundo, ouvia falar de navegadores espanhóis com suas espadas longas, que no horizonte infinito havia terras virgens repletas de riquezas, tesouros representados por pedras preciosas que poderia enriquecer quem conseguisse chegar até essas terras. E, quando cresceu e tornou-se capitão dos mares, convenceu-se dessa histórias com tal certeza, conseguindo convencer investidores, e nada o demoveu até ter descoberto a América. Claro que enfrentou objeções de toda a sorte de tantos quantos tentavam obstaculizar seus planos. Mas enfrentou tenazmente a todos, vencendo a multiplicidade de obstáculos que se antepuseram em seus caminhos, com tal pertinácia até ter sido vitorioso. Como assim é decantado detalhadamente por Camões nos Lusíadas, Canto Primeiro:

"Por mares nunca de antes navegados,...
Em perigos e guerras esforçados,
Mais do que prometia a força humana,
Entre gente remota edificaram
Novo reino, que tanto sublimaram;

"Cessem do sábio Grego e do Troiano
As navegações grandes que fizeram;
Cale-se de Alexandro e de Trajano
A fama das vitórias que tiveram;
Que eu canto o peito ilustre Lusitano,
A quem Neptuno e Marte obedeceram;
Cesse tudo o que a Musa antígua canta,
Que outro valor mais alto se alevanta."

Eis aí, diletos leitores, a seqüência de tantas vitórias auferidas pelo autor, desde os tempos da adolescência, quando ainda no verdor da adolescência deixou o lar paterno para enfrentar o mundo lá fora, passando a trabalhar durante o dia e a estudar no período noturno, sempre vencendo os múltiplos obstáculos que se antepuseram em seus caminhos.

Dotado de uma insaciável vontade de tornar-se um homem culto, inclusive cientista. Que sem ter esperado *sentado numa confortável poltrona*, partiu sempre, em busca das oportunidades onde elas estivessem, tendo sempre atingido com êxito a todas as metas previamente traçadas, ao longo dos anos, alcançando, por sua pertinácia, o principal objetivo de tornar-se um intelectual.

Sendo da sua lavra várias obras jurídicas relacionadas no livro.

Agora, diletos leitores, é com a mais grata satisfação que estamos preenchendo uma grande lacuna, colocando à diposição dos membros da classe forense a presente obra, inédita, pioneirísima, deleitante, relaxante, descontraente, repleta das mais inacreditáveis surpresas jamais vistas anteriormente no gênero.

Esperando que ela possa efetivamente agradar e consistir num lenitivo espiritual a todos, ficando o autor penhoradamente grato.

O AUTOR

Bibliografia

O Guarani. José de Alencar, Coleção Saraiva, 1º.vol., Saraiva Saraiva S.A., São Paulo.

Os Fastos. Ovídio, Clássicos Jackson, vol. IV, W. M. Jackson Inc., Rio de Janeiro.

A Virgem dos Rochedos. Leonardo da Vinci, Louvre, 1483, Grande Enciclodia Desta Larousse, ed. 1975, v. 9, pg. 3974, Editora Delta S.A., Rio de Janeiro.

Dom Casmurro. Machado de Assis, Os Maiores Clássicos de Todos Os Tempos, v. 1, ed. 1971, Novo Brasil Editora Brasileira Ltda., São Paulo

São José dos Bandeirantes. Walter Ramos Motta, obra literária no prelo.

Y Juca-Pyrama. Gonçalves Dias, POESIA – 2 , Clássicos Jackson, Vol.XXXIX, pg.201, W.M.Jachson Inc., Rio de Janeiro.

Bíblia Sagrada Sociedades Bíblicas Unidas, Rio de Janeiro.

O Enigma do Cosmos. S.Groueff/J. P. Cartier, ed. 1978, Gráfica Editora Primor S.A., Rio de Janeiro.

Faça da Advocacia Um Sucesso. Walter Ramos Motta, edição 2005, Ícone Editora Ltda., São Paulo.

Lendas do Bom Rabi. Malba Taham, Coleção Saraiva, edição 1960,Saraiva S.A., São Paulo.

A Psicologia do Êxito. Alberto Montalvão, vol. 3 – 6ª. edição, 1977, Editora Egéria S.A., São Paulo.

O que é ser ADVOGADO. Técio Lins e Silva, edição 2005, Editora Record, Rio de Janeiro.

Aventuras de Frei Abóbora e Rosinha Minha Canoa e Meu Pé de Laranja Lima. José MauroVasconcelos, edições 1970, Editora Record, Rio de Janeiro.

O Alquimista e Às Margens do Rio Piedra Eu Sentei E Chorei. Paulo Coelho, 100ª. e 75ª. edições, respectivamente, Editora Rocco Ltda., Rio de Janeiro.

Mato Grosso Tem História. Enciclopédia da Fundação Júlio Campos, edição 1990, Gráfica Editora Matogrossense Ltda., Várzea Grande, MT.

Os Lusíadas. Luiz Vaz de Camões, Cássicos Jackson, vol.VII, W. M. Jackson Inc., Rio de Janeiro.

O Grande Mentecapto. Fernando Sabino, 26ª.edição, 1986, Editora Record, Rio de Janeiro.

Revista VEJA Reportagem sobre a exposição internacional de livros em Frankfurt, Alemanha, 1990, Editora Abril, Rio de Janeiro.